梦山书系 | 当代前沿教学设计译丛（第三辑） | 主编：盛群力 刘徽

投入为先教学

创建学生茁壮成长的学习环境

［美］道格拉斯·费希尔（Douglas Fisher）
南希·弗雷（Nancy Frey）
拉塞尔·J.夸格利亚（Russell J. Quaglia）
多米尼克·史密斯（Dominique Smith） 等著
张强 译 盛群力 审校

Engagement by Design:
Creating Learning Environments
Where Students Thrive

海峡出版发行集团 | 福建教育出版社

图书在版编目（CIP）数据

投入为先教学：创建学生茁壮成长的学习环境 /（美）道格拉斯·费希尔（Douglas Fisher）等著；张强译. —福州：福建教育出版社，2025.1
（当代前沿教学设计译丛 / 盛群力，刘徽主编. 第三辑）
书名原文：Engagement by Design：Creating Learning Environments Where Students Thrive
ISBN 978-7-5334-9333-2

Ⅰ.①投… Ⅱ.①道… ②张… Ⅲ.①教学研究 Ⅳ.①G420

中国版本图书馆 CIP 数据核字（2022）第 121277 号

Translated and published by Fujian Education Press with permission from Corwin Press Inc. This translated work is based on *Engagement by Design：Creating Learning Environments Where Students Thrive* by Douglas Fisher, Nancy Frey, Russell J. Quaglia, Dominique Smith © 2017 Corwin All Rights Reserved. Corwin is not affiliated with Fujian Education Press or responsible for the quality of this translated work.

本书中文简体版由福建教育出版社独家出版并限在中国大陆地区销售。

当代前沿教学设计译丛（第三辑）
主编：盛群力 刘徽

Touru Weixian Jiaoxue——Chuangjian Xuesheng Zhuozhuang Chengzhang De Xuexi Huanjing

投入为先教学——创建学生茁壮成长的学习环境

[美] 道格拉斯·费希尔（Douglas Fisher） 南希·弗雷（Nancy Frey）
拉塞尔·J. 夸格利亚（Russell J. Quaglia） 多米尼克·史密斯（Dominique Smith） 等著
张强 译
盛群力 审校

出版发行	福建教育出版社
	（福州市梦山路 27 号 邮编：350025 网址：www.fep.com.cn
	编辑部电话：0591-83727542
	发行部电话：0591-83721876 87115073 010-62024258）
出 版 人	江金辉
印　　刷	福建省金盾彩色印刷有限公司
	（福州市仓山区红江路 8 号浦上工业园 D 区 24 号楼 邮编：350008）
开　　本	710 毫米×1000 毫米 1/16
印　　张	9.25
字　　数	145 千字
插　　页	3
版　　次	2025 年 1 月第 1 版 2025 年 1 月第 1 次印刷
书　　号	ISBN 978-7-5334-9333-2
定　　价	39.00 元

如发现本书印装质量问题，请向本社出版科（电话：0591-83726019）调换。

内容简介

《投入为先教学》提供了一个框架，包括师生关系、清晰施教和任务挑战三个主要方面聚焦在最短的时间内带来最大收益的机会。本书探讨了：

◇如何更好地了解每一位学生，可以从根本上改变课堂的动态，以及如何做到这一点；

◇做一个"走心教师"意味着什么，以及以此创造一个有利于学习的环境优势；

◇如何在教学的关键方面更加清晰明白，以及如何为你自己和学生带来丰厚的回报；

◇如何倾听学生的想法，做到解放思想与开阔胸襟，促进学习动机和日常教学计划的改进；

◇增加学生学习效能的最佳途径，提升他们的学习效果。

本书主要作者是道格拉斯·费希尔（Douglas Fisher）和南希·弗雷（Nancy Frey），他们有长期中小学教育研究与实践经验，近年来在美国出版了多本有关中小学教学改革的畅销书，影响甚大，包括《扶放有度实施优质教学》《精准教学领导》和《可见的学习》（学科版）等。我们相信：《投入为先教学》和《扶放有度实施优质教学》一样，会受到广大教师的欢迎。

致　谢

科文（Corwin）出版公司感谢以下评审人员的贡献：

丽迪雅·波顿（Lydia Bowden），平克内维乐（Pinck Neyville）中学副校长，桃树角，佐治亚州；

林恩·安格斯·拉莫斯（Lynn Angus Ramos），语言艺术课程协调员，迪卡尔布县学区，迪凯特市，佐治亚州；

梅勒妮·斯宾塞（Melanie Spence），副校长/课程协调员，斯隆-亨德里克斯学区，伊博登市，阿肯色州。

目 录

第一章　走心课堂 \ 1
　　学生学习时投入吗？\ 3
　　令人走心的课堂 \ 5
　　易实现的目标 \ 8
　　学生的心声 \ 9
　　投入为先 \ 10
　　小结 \ 13

第二章　师生关系 \ 14
　　与学生建立良好关系 \ 17
　　师生关系的走心要素 \ 19
　　师生关系的公平要素 \ 24
　　教师如何差异化地传递期望 \ 34
　　师生关系的支持因素 \ 36
　　小结 \ 41

第三章　清晰施教 \ 42
　　清晰施教 \ 45
　　知道学生应该学习什么 \ 46
　　知道学生如何学习 \ 52
　　知道如何向学生清晰地揭示他们将要学什么 \ 58
　　知道如何确立成功标准 \ 62
　　小结 \ 68

第四章　任务挑战 \ 69
　　走心不易 \ 71
　　娴熟 \ 74
　　毅力 \ 79
　　策略思维 \ 86
　　培养专长的努力 \ 91

小结 \ 98
第五章　全情投入 \ 99
　　投入差距 \ 101
　　投入：滥用与误用 \ 102
　　将要素整合到一起 \ 105
　　投入方程 \ 105
　　学生心声（V）\ 107
　　自我价值感（SW）\ 108
　　愿景目标（P）\ 111
　　投入 \ 113
　　投入型学生 \ 114
　　投入型课堂 \ 116
　　投入型学生表现 \ 117
　　接续投入 \ 118
　　小结 \ 120

参考文献 \ 122
译后记 \ 131

作者简介 \ 133

第一章　走心课堂

前来参观马克·卡斯丘（Mark Castro）课堂的人总会不约而同地发出赞叹："这里的学生学习如此投入！他们都在为完成复杂而有趣的任务而努力，你完全看不到所谓的学生问题行为。"毫无疑问，眼前这一幕并不是偶然发生的。事实上，卡斯丘先生一直在为创建这样一种有助于全体学生知识、技能与情感发展的学习环境而努力。

当参观者进入卡斯丘先生的课堂，首先映入他们眼帘的是教室的环境布置。这里有许多不同的材料（从凳子、运动球到高脚桌）可供学生自由选择。墙上各式文字信息的环境布置也会让人眼前一亮，而这些大多数都是由全班共同创作完成的。当他们低头往下看时，他们总会注意到学生以小组为单位围坐在一起学习不同的任务。有的小组桌上摆放着手提电脑与平板，而有的小组则手持纸质文本。参观者经常会问："这里的学生是不是人手都配有一台电子设备？"卡斯丘先生的回答耐人寻味，他说："是的，但我不允许他们在同一时间内一起使用电子设备。这样做是为了确保他们能有更多的个体独立学习时间。我希望学生在全力以赴解决问题的过程中能有大量同伴交流的机会。事实上，我很少会让学生同时拿出这些设备，上一次集中使用还是在去年春季州立考试的时候。"

参观者同时也注意到，教室内学生的互动范围很广。有的小组正进行着热烈的讨论，有的小组成员彼此促膝交谈，还有的小组成员正在讨论他们想要向其他小组提问的问题。

"我觉得我们首先应该关注大概念，比如作者的写作意图是什么？"安德鲁（Andrew）提议。

蒂拉（Tierra）表示同意："我赞同，因为如果我们从细节开始的话，那些显而易见的信息会让阅读变得无聊透顶。"

"但是我觉得，我们还是需要准备一些细节性问题。文中有些重要信息需要我们关注，不过我们可以把它们放在大概念之后。"布丽安娜（Brianna）补充道："别忘了，我们应该确保他们理解这个文本（用手指着那个文本）。我们不知道老师会选择怎样的问题来核实我们的理解，因此我认为我们也需要关注那些重要的细节。"

安德鲁（Andrew）回答道："好主意，我们每个人能否写一个问题再彼此进行提问，以进行模拟性理解检测与问答准备？"

话音刚落，整个小组便开始运作起来。

卡斯丘先生在教室里四处走动，时不时地停下来看看那些正在完成学习任务的学生。其间，卡斯丘先生也会不时地打断他们的活动以吸引他们的注意力。

在一次课上，他对学生说："我觉得我们可能碰到了一个有价值的错误。不妨让我们一起来判断一下这个错误是否真的有价值。如果有价值的话，那我们就可以从中学习。"卡斯丘先生继续解释着学生的困惑,让全班讨论学生的回答及可能出现的思维误区。参观者经常会注意到教室墙上的标语——"我们将错误当成宝贵的学习机会"。

或许到访者对于卡斯丘先生的学生在州立成就考试中取得出色的表现并不感到惊讶,但是当得知这里所有的学生都或多或少地面临着学业失败的风险时,大家一定会感到吃惊。事实上,他们都很贫穷,很多学生曾就读过综合学校,一些学生将英语作为其他语言来学习,33位学生中有5位被认定为学习有障碍。当被问及学生取得如此学业成就的秘诀时,卡斯丘先生谦虚地表示:"我的学生自己都很想要学习,只要教给他们方法就行。"卡斯丘先生的学生能取得如此好的成绩在很大程度上取决于他们学习的投入状态。

学生学习时投入吗?

您是否有过这样的经历?当别人听你的课时,他们指出课堂上有四个学生没有认真听讲。或者,你就是那个给予评判的听课者。我们不妨思考一下:那样的判断是基于怎样的证据呢?很多情况下,我们的判断是基于学生的行为投入而非认知投入。我们认为,行为投入与认知投入是完全不能相提并论的概念。相比之下,行为投入更容易被观察到。通常情况下,当学生端坐在椅子上目光盯着老师时,总能给我们一种认真听讲的感觉,因此我们也就认为他们的学习是投入的。总的来说,我们将这样的行为称作"讨教师欢心的行为"。因为,他们仅仅是在行为上让教师(或行政领导)感到满意。但是别忽视了重要的一点,那就是这些行为并不意味着学生在学习上真的就很投入。

试想在同一课堂上有这样两名学生。一名叫布兰顿(Brandon)的学生坐在窗边,看上去他似乎总是对窗外发生的事情更感兴趣。如果在听课过程中看到这一幕,你或许会说布兰顿上课时没有很认真地在听课(学习)。然而,每当你向布兰顿提问时,他总是能告诉你老师所讲的任何东西。同时,他也能告诉你窗外关于松鼠与过往人们所发生的一切动静。另一名学生赫柏(Heber)坐在离布兰顿两排远的地方,她的眼睛一直盯着讲课老师,手里握着笔仿佛随时准备要记下老师所讲的一切,而且她坐在椅子上一动不动。然而,当你向赫柏问及这堂课的内容时,她很可能答不上来。当然,课堂上绝大多数学生的行为投入与认知投入还是一致的，但有时对于我们而言，要准确地区分这两种投入并不是一件易事。

几年前，"讨教师欢心的行为"对教师观念与学生学习的影响引发了我们的兴趣。我们每周向36名学生讲授一个"讨教师欢心的行为"。当他们上九年级时，教师并不知道我们对这些学生在学习行为上进行过"专门培训"。整整一周的时间里，我们让学生练习"当老师一走进教室，主动向教师问好"。在接下来的几周，我们对SLANT（每个字母代表一种行为）进行重点训练：

S（Sit）代表"在椅子上坐直"；

L（Lean）代表"身体向教师微微倾斜"；

A（Act）代表"表现得很有兴趣的样子"；

N（Nod）代表"时不时点头与微笑"；

T（Track）代表"眼睛盯着教师"。

为期几周的SLANT练习，我们让学生通过身体接触（如握手、碰拳、击掌等）与他们的老师进行互动。然后，我们要求他们将桌子上的笔记本打开，并且手里一直握着笔，摆出一副随时想要记录的样子。接着，我们要求学生提出与课堂内容相关的问题，表达他们对教师的感谢或赞美。同时，要求他们为课堂上的其他同学提供线索或提供解释。神奇的事情发生了。学期结束时，班上的34名学生（两名已转出）比其他所有九年级学生取得了更好的平均学分绩点，而且他们的公民素质等级（Citizenship Grades）同样让人不可思议：所有的学生都获得了"优秀"或"非常好"的公民素质等级评价。通过这个例子，我们试图想说明行为投入、认知投入与学习效果之间具有正相关。或许你会说，当这些学生专注于"讨教师欢心的行为"，教师就会更多地予以关注到，他们的成绩自然就会更好些。然而，学生成绩的提高确实离不开课堂上的专注及其对所学内容更好的掌握。的确，行为投入很重要。但是我们也担忧像赫柏那样的学生，其行为投入掩盖了认知投入的缺失。

正因为如此，我们有必要对学生的认知投入进行监控。当课堂上组织讨论或开展对话时，我们较容易判断学生在认知上是否投入。因为当学生与同伴或老师进行互动时，其思维变得显而易见，其他人都可以公开地作出回应，这些将会为学生进一步的学习与互动提供素材，不断塑造他们对世界的理解。换言之，讨论与对话为教师提供了了解学生学习过程认知投入的证据。

行为与认知的双重投入无疑是我们的目标。事实上，我们认为，对于学习的投入是影响学生学业成绩的主要因素之一。当学生学习不投入时，往往很难高效地学习。很多神经科学方面的研究成果也证实了这一点。学习是一个连锁反应。要让学习真正发生，学生必须专注于选择性注意，即他们需要在接触到的众多信息中选择特定的信息加以关注。说得更具体些，为了学习"surreptitious"这一单词的拼写，学生首先必须专心听课（单独学习时可关注字母），而不是被远处火车的喇叭声、新消息的提示音、迫切想知道游戏得分的愿望、面对失败的畏惧感或者其他各种各样潜在的刺激所吸引。

学生必须要从选择性注意转向持续性注意，即能够专注足够长的时间去加工信息。这里涉及工作记忆与非常复杂的存储功能。在上述"surreptitious"这一单词的拼写案例中，学生需要将所学的新知识与他们先前学过的旧知识联系起来。为了识记与运用这些信息，学生需要进行注意力的专注度练习与持续实践。这一过程就是我们所说的学生的认知投入。记忆驱动的信息捕捉、工作记忆的信息保持以及信息的复述与运用过程都离不开学生的投入，而且学生往往在友好的课堂中更易于表现出投入的状态。

令人走心的课堂

尽管上学是强制性的，但学习却不是。学习就好比是教师与学生在一起跳舞，一个不乐意配合的舞伴会让另一半感到不安。您或许认为我们是在谈论学生，但事实上我们所指的正是教师。教师好比是领舞者，他们在整个舞蹈编排的过程中带领着学生一起跳舞。好的领舞者总是传递并保持着一种诚意邀请的姿态。即便是在你踏错舞步或节奏转换的时候，他也主动表示"我来帮你，我们一起来调整"。但是，那些不关注邀请姿态的教师面临着影响学生学习效果的风险。当那些没有得到好成绩的教师开始经历自我效能感下降时，这种影响会像滚雪球般不断增大。"我没有好的舞伴，"他们会想，"如果我能拥有更好的舞伴，我就能取得更好的成绩。"

对学习的邀请姿态是学生取得好成绩的关键所在。布尔基与诺瓦克（Purkey & Novak，1996）用四个维度描述了"走心教育"（Invitational Education）。一是"信任"（trust），指的是教师与学生之间持续不断的关系。在相互信任的课堂上，师生表达着积极的情感与意图，并努力建立、维持与修复这样一种关系。

换言之，信任是我们与他人互惠的共同投资。信任是连接团队凝聚力、学习冒险精神、人际关系满意度与问题解决能力的中介因素，它是建构一切高效课堂的基础。

走心教育的第二个要素是"尊重"（respect）。尊重的氛围需要通过传递对学习共同体中每个人的自主权、身份特征与个体价值的理解的行动来培育。

共同的责任是至关重要的，课堂上的所有成员（包括教师在内）应将他们自己视为维持他人社交与情感幸福的责任人。

"乐观"（optimism）是布尔基与诺瓦克提出的走心教育的第三个要素，也是我们最关注的一个维度。如果我们假定课堂中每位成员的潜力都没有被开发出来，他们都有责任去找到帮助其他人实现潜能的方式，那么，教师与学生都在创建积极的学习氛围中起着重要作用。在一个走心的课堂上，学生支持同伴的学习，他们明白自己对他人的学习起着至为关键的作用。布尔基与诺瓦克认为，没有希望的生活将削弱一个人前行的动力。倘若学校成了没有希望的地方，那么还要学校来干吗？

这里就引出了走心教育的第四个要素，即"意图"（intentionality）。对于学习的意图是指通过精心设计用以向课堂中的所有成员传递信任、尊重与乐观的课堂实践、组织原则、教学过程与学习项目。这里的所有人是指学生、教职工与社团成员。但有的时候，我们所说的和所做的与真实发生的情况并不一致，进而可能破坏一个充满希望的学校。因此，意图应当是一种刻意的行为。

教师可以选择刻意或无意的行为，也可以让自己的课堂令人向往或无聊透顶。布尔基与诺瓦克（1996）指出教师的这两种选择会造就四种不同类型的教师（见表1.1）。

表1.1　四种不同类型的教师

刻意不走心教师	刻意走心教师
◇喜欢挑剔与贬损	◇知行合一，深受学生信赖
◇表现得漠不关心	◇关注学生的学习努力与所碰到的困难
◇对学生的生活与感受不感兴趣	◇定期为学生提供学习反馈
◇与学校生活分离	◇努力创建、维持与修复良好的师生关系
◇寻求管治学生的权力	

续表

无意不走心教师	无意走心教师
◇与学生有距离感 ◇对学生的期望值不高 ◇自我效能感低，爱责备学生的不足 ◇无视学生的学习努力与所碰到的困难 ◇对学生几乎没有反馈	◇态度积极但缺乏教学反思 ◇精力旺盛，但碰到困难却无力解决 ◇对实践中的得意做法及其成功原理缺乏深入思考 ◇当学生排斥传统教学方法时，他们缺乏应对的手段

◇刻意不走心教师（尽管很少见）会给学生留下不可磨灭的伤害。南希（Nancy）回忆起六年级时那个给她起绰号的老师时，至今仍会感到害怕和莫名的恐惧。记得有一次这位老师给同学起了一个"葬礼"的绰号，理由是这位学生整天哭丧着脸显得闷闷不乐的样子。这样的老师尖酸刻薄且满怀恶意，不可能在学校有一席之地。所幸的是，学校领导最后解聘了这位教师。

◇无意不走心教师在学校里占了绝大多数。由于这些教师理想信念的破灭与自我效能感的降低，他们对学生所抱的期望往往不高。当学生学习成绩不理想时，他们就会去责备学生或抱怨自己的处境。这并不是说，这些教师不喜欢学生。事实上，他们也是喜欢自己的学生的。但是，他们不愿意去思考"为什么学生不喜欢自己的课堂"与"为什么学生对教师的教学不感兴趣"；除了在课堂层面造成伤害外，他们还会贬低学校为改变现状而作出的种种努力。在他们看来，学校所作的努力不会对这些学生起作用。遗憾的是，学校领导只是督查而非与他们共同解决问题，这进一步加剧了他们自我效能感的下降。

◇无意走心教师对自己所做的工作与所教的学生充满热情，但是他们缺乏实践反思的能力。尽管他们能教好绝大多数的学生，但一旦碰到难教的学生，他们就没有能力去进行转化。这是由于他们对于工作的本质与原理缺乏深入的思考。不要相信"好的教师是天生的而非后天努力所成就的"这一说法。事实上，无意走心型教师往往奉行这一格言。经历了太多的失败之后，他们还是缺乏分析成功与挑战的自我意识，最终成为了无意不走心型教师。

◇刻意走心教师明白这样一个道理：要成为一名好教师必须要有目标感。他们相信，持续改进这是关键。他们始终知行合一，深受学生信赖。无论是对待自己还是学生，他们都具有成长型思维。更重要的是，他们对学生个体具有敏感性，他们了解自己的学生，因为他们每天都在与学生产生联系。可以说，刻意走心的气氛弥漫于整个课堂，包括课堂过程、物理环境以及教师、学生与课程内容间的关系。刻意走心型教师明白，课堂上的每个人与每件事都会增强或减弱教师与学生的联系。他们力求不断地反思自己的教学实践（Purkey，1991）。

我们希望学生所在的教室都能成为刻意走心的场所。据我们的观察，那些无意走心的课堂尚存在一些或易或难的改进空间。为此，我们建议从"易实现的目标"开始。

易实现的目标

美国在线俚语词典（城市词典）这样定义"易实现的目标"（low-hanging fruit）：容易达成与不需要付出太多努力的目标（http://www.urbandictionary.com）。我们在进一步寻求理解的过程中发现，一些基于研究的解决方法耗费时间、浪费金钱且显得不切实际。例如，有研究者认为，为学生人手配备一台电脑可以解决学生学习投入的问题（Harper & Milman，2016）。然而，如果要实施这一做法，学生所在的地区需要投入大量的金钱，同时也需要具备足够的电脑生产能力。不妨让我们看看洛杉矶联合校区所做的尝试。他们在技术方面付出了大量善意的努力，但却没能达到预期的目标。更具讽刺意味的是，这个地区的很多地方甚至都没有在真正意义上使用过这些技术。

一些基于证据的解决方法似乎仅局限于实验室，它们从未在现实复杂多变的课堂上实践过。例如，将学生的学习风格与课堂教学相匹配的理念非常吸引人，而且从表面上看还具有一定的逻辑性。对于偏向视觉空间学习风格的学生实施个性化的教学以帮助他们更有效地学习，这一建议听上去似乎挺有道理。但这一理论在真实的课堂实践中并不奏效。事实上，并没有令人信服的证据表明将学习风格与教学方式进行匹配能促进学生的学习。

尽管如此，我们也应该明白一点：不少基于研究的推荐做法还是很具有实践合理性的。这些做法往往易于理解，能很好地被运用到课堂实践，而且不需要额外的专业实施技能。因此，实施成本并不高。对我们而言，这些做法就是我们感兴趣的"易实现的目标"。当达到了"易实现的目标"之后，我们就可以关注更高的目标了。毕竟，当还没有尝试过易实现的工具时，我们为什么要去追求那些最难操作的课堂改进努力呢？

颇具影响力的哈蒂教育研究评论（Hattie, 2009）为我们"下一步需要做什么"带来了很多启发。为了弄清楚影响学业成功的关键因素，哈蒂综合测算了先前众多研究者对影响因素效应量的数据。"效应量"（effect sizes）是指一种用于判断具体因素平均影响的统计工具。经过分析，哈蒂确定了那些影响学生学业成功的关键因素。哈蒂指出，如果教师对学生接下来一年内的进步不抱任何期待，那么他们所做工作的95%都将起作用。您没有听错！如果您对学生的成长不抱任何期望，那么教师与学校就不会对学生造成伤害。然而，我们应当期待学生在校学习的一年里获得成长，而且一些学生需要付出更多努力以取得他们应达到的成绩。因此，我们应当关注那些确保学生在校学习的影响因素、学习策略与学生行为。哈蒂认为，效应量 0.40 相当于学生在校一年的学习成效。因此，我们一般会关注那些效应量超过 0.40 的影响因素。

然而，哪些影响因素应该得到优先关注呢？哈蒂测算出了将近 200 个影响学生学习的效应量。我们想要知道："易实现的目标"在哪里？这些影响因素的哪些组合能够确保学生的学习成效？教师个体、年级组乃至整个学校体系应当怎样组织这些看似随机收集的影响因素以改进学生学习的体验？

学生的心声

除了引用哈蒂的启发性研究成果与其他研究者学习投入方面提出的见解，我们还将认真听取学生的心声（voice）。因为我们相信：学生心里有话要跟我们说。在这本书里，我们将引用"夸格利亚学生心声调查"（Quaglia Student Voice Survey）的最新结果。2015—2016学年，代表美国 14 个州 249 个学校的 48 185 名六至十二年级学生与 12 157 名三至五年级的学生参加了这份调查。本次对学生心声的调查数据收集主要有三个目标：

1. 分享我们从学生心声中了解到的信息；

2. 以一种易于理解而非让人眼花缭乱的方式呈现数据，为大家提供有益的参考；

3. 呈现学生心声调查中所收集信息如何造成对学校的即时影响，同时提供有价值的建议与相应措施。

如果您想要获得调查结果的完整报告，请参见"2016年全国学校学生心声调查研究报告"（可在网站 www.quagliainstitute.org 免费下载）。

尽管学生的心声已经得以展现，但是我们不能够混淆学生抱怨与挑战权威的声音。当我们设法去有效利用学生的心声时，我们着重从以下三方面去支持他们的想法：

◇ 倾听——尽可能多地去倾听，而不是尽力让别人去赞同他们已有的观念；
◇ 了解——用刻意、真实的努力去了解他们所倾听的东西；
◇ 引领——敢于承担引领他人采取让世界变得更美好的行动。（Quaglia，2016）

我们为什么对学生的心声如此重视呢？这不仅是因为我们认为这么做是正确的，而且更重要的是影响学生学习投入方面的研究已经表明：当学生在学校里拥有话语权时，他们的学业动机将是原来的七倍。可见，学生的心声值得我们重视！

投入为先

正如我们已经谈到的那样，如果学生不能专注地投入学习，不能有意义地表达他们的想法，那么他们的学习就不可能真正发生。我们经常可以在课堂上看到这样的场景：教师使劲地将知识传授给学生，学生似乎并没有专心听课。当教师的课堂能够吸引学生的注意力时，学生自然就会专注听讲。我们的目标是实现学生的认知投入，而这又是很难监控的。认知投入来自教师、学生与课程内容的交叉重合，即最优化学习。（参见 City，Elmore，Fiarman ＆ Tietel，2009）我们用三个相互重叠的圆来表示一种平衡的设计以实现学生的最优化学习体验（见图1.1）。

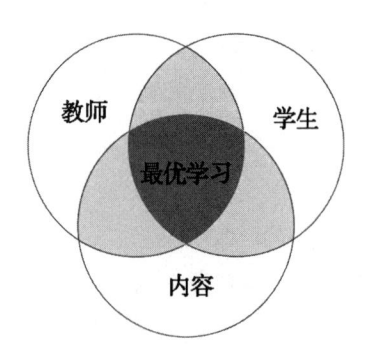

图 1.1 投入为先模型

先来看看教师与学生之间的交叠,我们将两个圆的重叠部分定义为"师生关系"(见图1.2)。师生关系的确很重要,它会影响到学生的学习。事实上,哈蒂的研究已表明,师生关系具有0.72的效应量。然而,现实的情况是,只有52%的学生认为老师会用心去了解他们,只有43%的学生认为老师会关心他们的困难与感受。诚然,一些人对于师生关系的价值并没有很好地理解。事实上,教师道格(Doug)想起他第一年参加工作时,好心的导师跟他建议"放寒假前千万不要跟学生微笑"。道格听取了导师给出的建议,他从来不去主动了解学生的兴趣,也不告诉学生任何关于他的信息。不用说,道格的学生在那一年里没有学到太多的东西。不得不说,这真是一条糟糕的建议。道格的导师本应该告诉他:尽自己所能去与学生建立强大而富有成效且利于学生成长的关系。顺便说一句,对教师而言,积极的师生关系是容易实现的目标。教师可以选择自己对待学生的态度,有意识地去培育积极的师生关系。这是我们为何将此当成"易实现目标"的原因。

图 1.2 师生关系

我们将教师与课程内容重叠的部分(见图1.3)界定为教师教学的"清晰施教"。教师应当熟悉本学科课程的教学内容,他们不能传授错误的信息或者忽视教学内容的批判性价值。同时,教师也应当让学生明白他们应该学习什么以及为什么要学习这些内容。然而,只有38%的学生认为教师在帮助他们理解日常生活中所发生的一切。除此之外,教师与学生也要明白学习成功的标准是怎样的。清晰施教包括教师对于他们所教的内容的深入理解、教师对学生应学内容的提前告知以及教师与学生对于成功标准的一致意见,这对于学生的学习具有极其重要的影响。哈蒂的研究表明,清晰施教的效应量达到0.75。的确,弄清楚学生需要学习的内容并不是一件困难的事。这需要教师理解课程标准,并主动去了解学生已有的背景知识。告知学生每天课程内容的学习意图并明确成功的判断标准也不是件难事。由此看来,清晰施教也是易实现的目标。遗憾的是,它在现实中往往被不少教师束之高阁。

图 1.3 清晰施教

将学生与课程内容交叠，就有了第三个重叠部分——"任务挑战"（见图 1.4）。学生乐于接受富有挑战的学习任务。根据哈蒂的研究，高水平挑战性任务的效应量为 0.57。学生对于低水平、无聊的学习任务提不起兴趣，43％的学生认为当下的学校学习生活是无趣的。他们希望学校生活能充满挑战，他们乐于接受艰巨的任务。73％的学生告诉我们：他们尽了自己最大的努力，85％的学生表示取得好的学业成绩对他们来说很重要。当然，高水平的挑战需要教师布置合适的学习任务并对学生保持高期待。同样，挑战也是易于实现的目标，它是教师能力范围内完全可以做到的。

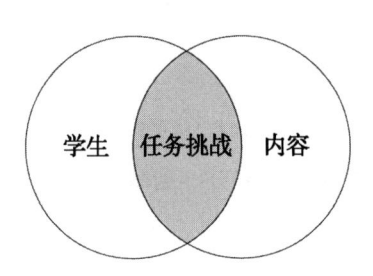

图 1.4 任务挑战

当我们将这三个圆放在一起，会发生什么情况呢？当代表学生的圆、代表课程内容的圆与代表教师的圆交叠时，我们会发现一块共同的区域，那便是学生的"学习投入"。

当教师与学生建立了良好的师生关系，当教师熟悉学生需要学习的内容并清晰施教，当教师确保学习任务与生活关联、让学生感兴趣且富有挑战，学生就会投入到他们的学习中去。教师在设计学习活动时需要将这些要素考虑进去。尽管从网上下载教学课件在一定意义上能够帮助我们备课，但这些设计往往不能与我们任教的学生产生很好的共鸣。没有完美的教案，也没有标准的教法，教师需要基于所教学生的具体学情来设计与调整课堂。

小结

  有效的课堂不会自然地发生。它们的构建离不开教师对课程专业内容的熟练掌握，离不开学生、教师与课程内容的良好互动。教师应当努力营造刻意走心的氛围，因为他们需要创建并监控课堂实践、组织原则、教学过程与学习项目之间的协同方式，以向学生传递友好、支持的信息。毫无疑问，您一定亲身经历过这样的课堂。或许，您自己的课堂就是刻意走心的示范样本。在接下来的几章里，我们将进一步探讨师生关系、清晰施教与任务挑战的本质，以更好地帮助学生实现学习投入的最优化。与任何走心活动一样，本书也从欢迎词开始。

第二章　师生关系

赫克托（Hector）说自己在中学时是个"恐怖分子"。他拉帮结派，还常常迫于经济压力从同学那里偷东西。他经常因违反纪律被停学。最终，他因在一次争吵中殴打校长而被开除。赫克托后来去了一所继续教育学校，他自认为在那里学到了很多"新技能"。例如，如何贩卖毒品与携带武器。一次，有人发现他携带很多大麻与其他学生进行现金交易，他最终因此事被继续教育学校开除了。赫克托告诉我们说："六年级时，没有人知道我的名字。从来没有老师叫过我的名字。有需要的时候，我们就直接称呼他们'老师'或'先生'。他们的名字我一个都记不起来了，真的。当我开始陷入麻烦的时候，他们一下子都知道我的名字——也只有那时他们才叫出我的名字。我从来就没有在真正意义上认识那些老师，我也不在乎他们。真的，他们绝大多数的时候都是在跟我作对。"

到了高中，赫克托去了一所新学校。事实上，他的母亲让他在新学区上新学校是希望他能摆脱过去的经历。但是，赫克托仍然在心理上拒绝接受老师。开学第二天，他就冲着自己老师说："你没有权利盯着我看！"

开学刚过一周，赫克托的名字就在全体教师中传开了。在学年第一个星期五的首次专业学习活动上，老师会确定哪些学生需要额外的帮助或关注。赫克托的每位老师都把他的名字写在卡片上。然后，有人对卡片进行整理，选出同名卡片，然后重新打乱，随机分派给所有人。每位教职员工（包括教师、助教、办公室职员、后勤维修和安保人员）都会收到一张卡片，这些卡片会在彼此之间轮流传递，直到该学生毕业离开为止。有的教职工拿到两张，还有的甚至会拿到三张。

接下来的一周里，收到卡片的教职工将会找到相应的学生，与学生进行一次不涉及学校这一话题内容的谈话。这种形式的谈话每天都需要正常开展，直到师生建立起牢固的关系。教师尝试运用"二乘十"策略与高风险学生建立信任关系（Ginsberg & Wlodkowski,2004）。使用该策略时，教师每天与学生进行两分钟的谈话，持续十天，谈话不涉及学校或学习相关内容。十天后，两人就可以想谈什么就谈什么，包括在校的学习表现。在此期间，这位教师也会想方设法去改善该学生和其他教职工的关系。同时，教职工本人也要努力去与他所有的学生建立牢固的关系。

回到前文提及的学生赫克托，大卫·塞缪尔斯（David Samuels）花了九个星期才与他顺利开展了持续十天的谈话。刚开始的时候，赫克托总是恶语相向，上课的时候随意进出教室。他从不跟塞缪尔斯或学校里其他人握手。前三个月他总是不断地制造麻烦，每次在他犯事之后，学校总会有人找他谈话，跟他说明违反学校纪律所造成的影响。

沉思片刻之后，赫克托说：实际上，我觉得他们都挺好的，态度很温和。我的意思是，他们从来没有真正为难过我。只要他们不是没完没了地找我谈话，我就不会感到心烦。我会和他们好好聊，然后回到教室或者其他任何地方。不过说真的，我似乎开始慢慢变得好起来了，因为他们都关注我。尽管我还是"名声在外"，经常犯事，但已经没有像以前那样糟糕了。其中的主要原因，我觉得还是他们在乎我。

到十一月底的时候，赫克托和塞缪尔斯的关系已经相当和谐。他们每次见面都会握手，赫克托经常找塞缪尔斯，告诉他生活中发生的一切。尽管赫克托和其他老师还没有那么亲密，但他们都注意到了他行为上的微妙变化。十二月的第一周，赫克托在一次英语课上突然发起脾气。他在课堂上大喊大叫，将书扔在地上，开始骂人，然后冲出教室。他的英语老师安德烈亚·萨拉扎（Andrea Salazar）发短信将此事告知了校长。校长四处寻找，最终在浴室外找到了赫克托，他神情不安，手握拳头，眼睛通红，似乎刚哭过的样子。

发现是校长来了，赫克托开始哽咽起来："您能帮我找到塞缪尔斯先生吗？"校长答应了他。

校长很快联系到了塞缪尔斯，并请他找赫克托好好谈一谈。一见到塞缪尔斯，赫克托就开始大哭起来："老师，我已经很努力了，但这似乎并不管用。他们觉得我很笨。当我拼不对英语词汇时，他们都取笑我。"

当塞缪尔斯问赫克托是谁在取笑他时，他回答道："我不想告状，我只想离开这里。"

"那你可以告诉我取笑你的人是老师还是学生吗？"塞缪尔斯追问道。"是学生。"赫克托回答。

塞缪尔斯把赫克托带到办公室，邀请他在那里坐会儿。塞缪尔斯表示，只要赫克托需要，可以一直在办公室待下去。塞缪尔斯向他建议："今天晚些时候，要不就在吃午饭的时候，我们能否与萨拉扎老师好好谈一谈以便让她知道到底发生了什么事？"赫克托点头表示同意。说完，塞缪尔斯就出去了。

相互交流时，萨拉扎老师表示自己着实被赫克托的举动吓到了。她同时对赫克托的学习也感到担忧。谈话结束后，赫克托和萨拉扎老师的关系变得更亲密了，萨拉扎老师成了他的支持者和盟友。事实证明，这是一个转折点。到了第一学期期末的时候，赫克托经常会跟老师握手，还会主动用名字打招呼，课堂上也总是表现得很愉悦。他九年级的表现依然不够稳定（如词汇测试成绩的频繁波动），但是赫克托正在逐渐跟学校的老师建立起彼此更加信任的关系，同时他在学校的行为表现也比以前好多了。

若干年后，学校里的教职工都知道了赫克托这个人。他在实习期间表现出色，而且在校也不再发脾气。他告诉塞缪尔斯：他已经有五个月没碰毒品了。他打算在家里做毒品检测，然后将测试结果给他妈妈看。一次家长会上，他妈妈说："你们是怎么做到的？他好像完全变了一个人似的。他现在都会主动帮我做家务，说话的态度也比以前好多了。虽然还是喜欢跑出去，有时还会很晚回来。但事后他会主动向我道歉，而且情况也会好转一段时间。"

为了一毕业就能入伍参军，赫克托读高三那年与塞缪尔斯一起研究军人职业能力测验（Armed Services Vocational Aptitude Battery）。后来，赫克托从新兵训练营毕业，由于当时他妈妈因移民问题无法前往，塞缪尔斯就飞去德克萨斯（Texas）参加了他的毕业典礼。毕业典礼上，赫克托动情地说："我想对我的老师们说声'谢谢'！如果没有你们的信任，如果不是你们对我如此用心，我现在就不可能站在这里。我是个坏孩子，但我有一颗善良的心，是你们呵护了它。"

赫克托的故事很长，但是道理却很简单：师生关系很重要。牢固的师生关系可以改变人的一生（但并非所有学生都会有这般戏剧化的转变）。健康的师生关系能为学生扫除很多学习障碍，让他们有足够的安全感，能够专注于课堂。根据全国学生心声调查的研究数据，只有67％的学生感觉自己在学校里被人接纳。当学生感到不被接纳或者没有安全感时，他们不可能全身心地投入到学习中去。正如前一章里所指出的，我们认为，教师应当注重与学生的关系并不仅仅是因为这样做能让他们感觉良好。已有的调查研究表明，人际关系对学生的学习有着积极的影响。例如，科尼利厄斯·怀特（Cornelius-White，2007）在回顾了119项关于师生关系（涉及35万多名学生）的研究后指出："与其他教育创新相比，积极的关系、非指向性、同理心、亲和力、鼓励思考与学习是高于平均水平的具体教师变量。"（p.134）重要的是，科尼利厄斯·怀特注意到，即便学生和教师的种族不同，师生关系所产生的影响却是一样的。简单地说，师生关系很重要。

与学生建立良好关系

基于设计促进学习投入的教学需要教师刻意地去发展与学生的关系。那么，什么是健康且富有成效的师生关系呢？为了回答这个问题，我们参考了师生关系方面的心理学研究成果，提出了四个总体原则（见图 2.1）：1. 尊重；2. 诚实；3. 信任；4. 沟通。

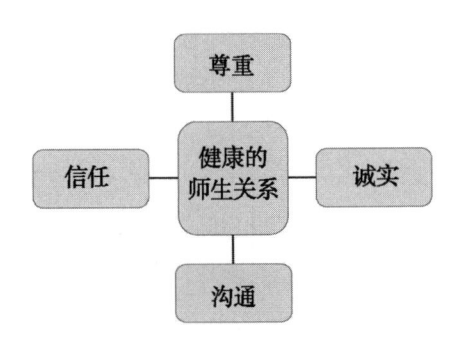

图 2.1　健康师生关系的四个原则

以上四个原则在一切人际关系中都扮演着十分重要的角色，不论对方是 5 岁、15 岁或是 55 岁。有鉴于此，我们认为师生关系是一种非常特别的关系。我们并不建议教师成为学生的"朋友"（这是对根据研究得出建议的一种普遍误解）。友谊需要一定程度的平等，而教师和学生之间总是存在着一种权力机制。教师对待学生时既要做到态度友好，同时也要扮演好指导者、引导者、支持者和领导者（mentor, guide, advocate, and leader）的角色。

联系与沟通

师生关系会影响到我们向学生传递课堂互动期望的能力。如果仅仅将课堂交流的期望定义为"课堂管理"，那会在很大程度上降低这一期待的持续性价值。课堂交流是我们指导学习发展的重要途径。由于教师所扮演的特殊角色，师生关系变得比我们想象得更为复杂。它的核心是促进学生情感与心理发展的成人与儿童间的适度互动机制。例如，成人会通过调整自己的语言来满足儿童在成长和发展过程中不断变化的需求。尽管幼儿园教师在教学时所使用的语言与六年级教师的语言是不同的，但目标却是一致的。幼儿园的老师可能会说："今天我们要一起来学习'大家轮流说'的技能。小朋友都知道，打断别人说话是一种不礼貌的行为，所以我们要学习一下具体应该怎么做。当还没轮到你说的时候，先要认真听别的小朋友说话哦。"六年级的老师则可能会说："刚才我一直在观察我们小组的互动情况，我注意到有些同学注意力并不是很集中。记住，我们的目标是听明白组内其他成员的观点。当小组内的某位同学发言时，我们要用眼睛看着那位同学，认真倾听。"上述的两种情况中，教师都对学生提出了参与小组互动时的期望，但他们使用了不同的语言表达以满足特定学生的需要。而且，教师都尽量确保了不同年龄段儿童的安全感，让他们更好地在与成人的交往中学习。换言之，不会有儿童会因为自己没有过倾听别人说话的经历而陷入困境。这个时候，教师的亲和力就发挥作用了。

对学习的期望

师生关系的另一个动态机制是对学习的期望。教师与学生构建关系是因为他们希望能对儿童的认知和行为表现施加影响。事实上，师生关系的前提是教师要有"学习一定会发生"的信念。如果离开了这一信念，教师就完全没有必要与学生长期待在一起了。超过四分之一（27%）的学生认为老师并不指望自己成功。这一情况必须得到改变。

值得一提的是，我们所说的学习不是单单局限于学习成绩。学生从教师那里学习公民行为、社会责任、同理心和各种生活技能。但不管学生学什么，教师教什么，有一点始终不会发生改变，那就是师生关系以教师对学生的期待为基础，教师希望通过提供学生反馈的方式来促进他们的成长。我们相信，阅读本书的任何一位读者都不会否认师生关系的重要性。关键是我们应当怎样建立和维护师生关系呢？为了回答这个问题，我们将良好师生关系归纳为以下三个要素：

1. 走心——教师在心理与生理上为学生创设邀请参与学习的氛围。
2. 公平——教师确保所有学生都有机会与同伴和教师建立有意义的关系。
3. 支持——无论在什么情况下，教师都要支持班里每一位学生的成长，为他们创建一个人性化且有安全感的学习空间。

师生关系的走心要素

不妨让我们来回忆一下：当您来到一个陌生的场合（比如参加邻里活动），您在什么情况下能够感到自己受人欢迎？人们很有可能会叫您的名字或用心去记您的名字，他们看起来都很期待您的出现，他们想尽办法让您感到舒服自在。很多人会主动上来跟您聊天，想了解您更多的信息。这些举动让您产生一种莫名的归属感。我们的课堂也应该成为这样一个让人生发归属感的地方。然而，只有64%的学生认为学校是一个欢迎他们出现且对他们友好的地方。作为课堂的组织者，我们教师要先发出学习邀请。然后学生承担各自的责任，各司其职，向彼此发出学习邀请。教师可以通过以下几种方法让学生知道自己是受欢迎且被重视的。

记住学生的名字

我们的第一条建议是，教师需要记住所教每一位学生的名字。遗憾的是，只有52%的学生认为教师知道自己的名字！事实上，我们每个人都非常重视自己的名字。当别人在问候或交谈中使用我们名字时，我们心怀感激。记住每一位学生的名字对于教师而言或许是项颇具挑战性的任务，特别是那些每天要教150至200名学生的中学教师。但是，学生（不管是儿童还是青少年）都希望老师能够记住他们的名字。记名字的方法有很多。例如，教师可以让学生制作桌子姓名牌，也可以亲自将试卷或作业发到每位学生手中以增强姓名与人脸的匹配成功率。我们一位同事在第一天上课时让他的学生围坐成一圈，要求每一位向大家作自我介绍，然后用一种海洋动物来形容自己的特征。其中有个孩子是这样介绍的："我叫安娜（Ana），我像小丑鱼，因为我身上有各种颜色，我还喜欢逗人笑。"下一位同学在自我介绍之前，必须要先把前面同学的名字及提到的动物说一遍。"复述"这一任务起到了意想不到的效果，每个人都能认真倾听同伴的介绍。更重要的是，同学们在不知不觉中帮助了那些学习有困难的同伴，为良好集体氛围的初步营造起到了一定的助推。每个新建集体都致力于努力增加团队凝聚力并设立共同的奋斗目标，这些集体建立初期的交流互动有助于成员间快速建立信任（Ennen, Stark & Lassiter, 2015; Meyerson, Weick & Kramer, 1996）。

了解学生的名字

当教师通过一系列问题试图去了解学生名字的由来时，他们总能听到很多有趣、感人或困惑的故事。例如，教师可以这样问学生：你的名字背后有什么故事吗？你的名字是由某个祖先的名字而来的吗？你的名字是否与某个地名有关联，抑或是蕴含了某种性格特质？你的名字是否反映了你当地的文化传统，还是说它是由你父母专门为你而起的？一位名叫多米尼克（Dominique）的学生告诉我们，他的名字是取自他父亲所崇拜的篮球运动员。多米尼克说，曾经有很多人认为他的名字是女孩的名字，在邮件中错误地将他称呼为"史密斯女士"。还有一些人会想当然地把他的名字写成"Dominic"，因为他们已经习惯了这么写。

当学生彼此间有了一定了解之后，教师可以通过询问家庭成员、实施网络调查或从书中寻找同名人物等活动引导学生更加深入地了解自己的名字。在莫妮卡·格林（Monica Greene）任教的五年级课堂上，学生正在研究自己的名字，这也是"家族历史"这一写作单元中的重要学习内容。他们的研究性小论文将由几个部分组成，其中必须包括他们名字由来的个性化家族历史。除此之外，他们还必须对家庭中的某个成员进行简介，并提供相应的信息。格林女士教学的主要目标是说明文写作，但她决定把重点放在学生的个人历史与他们的名字上，以便更好地了解她的学生。

学生马里奥（Mario）起初对自己的名字一无所知，但随着探究的不断深入，他开始了解自己名字的由来，最终为自己的发现感到无比自豪。马里奥为此采访了他的祖父、母亲和姑妈，最后将信息整合在一起整理出了他的家族历史。在研究性小论文中，他这样写道：

> 我叫马里奥的主要原因有两个。第一个理由说出来有点尴尬。我爸爸是日本人，他喜欢玩"超级马里奥"这个游戏。游戏中的马里奥威力很大，他不但能灵活地跳来跳去，而且能够轻松地将东西碾碎。我爷爷就对我父母说，如果我叫马里奥，我或许能够从周围的事物中获得力量。我爷爷来自古老的乡下，对这类事情深信不疑。我的姑妈也表示马里奥是一个好名字，因为在游戏中他是个好人。姑妈说她希望这个名字能帮助我成为一个正直的人。但我妈妈却跟我说，她答应取这个名字是因为她有个为农民权利而不懈斗争的了不起的叔叔，而这位叔叔的中间名恰好也是马里奥。所有这些原因都让我为自己是"马里奥"而感到自豪。我必须要做一个好人，才对得起这个名字。

如果您想了解更多有关姓名的活动，请访问以下网址：www.ultimatecampresource.com/site/camp-activities/name-games.page-1.html.

创建一个舒适的学习空间

教室的布置方式在很大程度上能传递出：教师与学生，谁是主体；谁更重要。不久前，我们听了一堂课。教室里似乎有很多学习空间是教师专用的。为了验证这一点，我们特意数了一下地砖的数量。果然，有超过三分之一的空间是禁止学生闯入的，因为它们是教师的专用区域。当我们正要走近教师的办公桌时，一位学生立刻制止道："如果你们走过去，老师会发疯的，那是她的空间！"教师为自己留一块存储空间是无可厚非的，但最好也能想办法向他们的学生作一下解释，告诉他们哪些不是学习区域。

我们在第一章中提到，一些教师在教室学习空间的布置上有很多富有创意的想法。布拉德利·汉森（Bradley Hanson）的科学教室里摆放着两种类型的桌椅，学生可以根据不同的活动选择适合他们的桌椅。学生可以坐在低桌椅上做笔记、学习信息技术或进行写作，也可以在高桌子上进行更多的协作学习和实验活动。正如汉森先生所说："学生根据他们就座的桌椅就可以猜出老师要他们做什么活动。在这个教室里，我们已经就'什么活动最适合在什么地方完成'达成了一致意见。这个教室有助于学生开展学习，因为这是他们的学习空间，他们知道如何使用它。"

在许多教室，墙壁也常被用来布置舒适的学习空间。墙壁上通常会张贴或悬挂一些学生的作品，作为他们学习的痕迹。在克里斯汀·海勒（Kristen Heller）任教的一年级课堂上，学生将他们阅读的绘本故事制作成语言图表。他们大多能明白绘本所要传达的道理，并要求教师对重要内容进行必要的记录。例如，当学生阅读《等待是不容易的》（*Waiting Is Not Easy*）（Willems，2014）这一绘本时，他们想要记录下故事中人物的名字（如大象和小猪）以及他们各自的性格特点（小猪非常有耐心，而大象则性情急躁）。他们还想记下"大象杰拉尔德（Gerald）一直在猜测这个惊喜，但它总猜不对，所以抱怨是没有用的"。当学生经过深入探讨后，他们一致认为故事想要传达的主题意义是"如果你愿意等待，美好的事情总会发生的"。他们要求老师把这一要点也写入语言图表。不论是语言图表，还是其他墙上的学生作品，都不仅仅是学习痕迹的见证，更是对"教室属于每一个人"这一理念的强化。

关注那些没有与教师建立良好关系的学生

尽管有些学校已经建立了相应的机制去关注那些没有与教师建立牢固关系的

学生，但是还有22%的学生表示他们很难融入学校。对此，我们认为学校还有许多需要改进的地方。改进的方法有很多，这里我们向读者介绍一个"画圆点"的活动。具体的做法是，首先用打字机将每个学生的名字都打印在记录纸上。然后，当年级组、学科组或整个学校开展教师专业研讨活动时，教师找到那些已经跟他们建立了稳固关系的学生名字并在旁边画上圆点。当每个人都在纪录纸上画完圆点之后，学校对结果进行对比统计与分析，看看哪些学生圆点很多，哪些学生则很少甚至没有。

哈里特·塔布曼社会公平学院（Harriet Tubman Academy for Social Justice）的教师开展过上述活动，他们发现学生中只有不到10%的人没有圆点。同时，他们还注意到有的学生有八个甚至更多的圆点。一位教师解释道："并不是说有很多圆点的学生就都是受欢迎或讨人喜欢的，因为他们中有些学生恰恰是我们去年或前年的重点关注对象。看看他们现在与教师的关系有多密切，您就会明白这个活动还是卓有成效的。有些像卡拉（Karla）一样的学生确实需要教师主动跟他们建立联系。如果没有那些圆点背后的教师支持，我很难想象她的生活会是什么样子。"

塔布曼学院的老师还在他们的专业研讨活动中交流他们所掌握的关于那些没有圆点的学生的情况。有位老师这样评价那些学生：他们中的绝大多数经常旷课。他们的生活都很贫困。大部分学生总体上表现得遵纪守法且为人低调，不引人注目。经过商量，他们决定让第一阶段结对的教师去跟这些学生好好交流。三周后，结对教师召开集体碰头会议，分享他们各自的成果与进展。第一阶段结对教师的任务是了解学生的兴趣、志向、成长历史及当前的学业状况。

三周后，第一阶段结对教师对每个没有圆点的学生进行简单介绍。学校根据这些已掌握的情况为这些学生再次确定与他们建立关系的教职工。这时教职工的指派是根据学生的兴趣和个性来匹配完成的，因此更具有个体针对性。在一些情况下，第一阶段的结对教师会建议不必再给某个学生指定结对教师。正如有位老师所提及的情况那样："我们不需要再担心托马斯（Thomas）了。尽管才过了三个星期，但我跟他已经建立了良好的关系，他早上会很早来到学校主动跟我交谈。他现在已经有了我画的圆点，我想他很快也会得到你们的圆点。"他们确保额外的专业学习时间用于回顾学生所取得的进展，同时对那些到了年中还没有与任何教师建立联系的学生进行监控并给予重点关注。

教师可以使用许多其他的手段来跟他们的学生建立联系。有人建议开展兴趣调查。教师可以通过编制并发放调查问卷的方式来弄明白学生在空余时间喜欢做的事情、他们感兴趣的话题以及他们的爱好。也有人建议教师跟学生分享自己的部分生活经历。上述两个建议都是教师与学生建立联系的富有成效的好方法。教师还可以通过其他一系列可以想到的方法让自己与课堂都变得更受学生欢迎。

一个对学生学习不走心的教师或课堂都将阻碍学生学习的发生。遗憾的是，我们都曾有过这方面的教训。当然，师生关系中走心要素的作用也不是万能的；它是一个必要的组成要素，但它不足以确保师生关系能促进学习的持续发生。

师生关系的公平要素

健康稳固的师生关系的第二个要素是确保公正。学生能觉察到教师对他们与其他学生所采取的不同态度，他们心里清楚老师喜欢或不喜欢谁。这并不是说教师不应该在课程和教学上因材施教。事实上，我们提倡教师根据不同的学生开展个性化教学。但在教师和学生的关系上不应该存在差异。班上的每一个学生都需要机会均等地与老师建立健康的关系。当然，有些学生可能比其他人更讨人喜欢。我们不难发现，有的学生擅长与人建立关系，而有的则对此显得手足无措。这就要求我们教师主动去跟他们建立起富有成效的师生关系，即使是那些最难相处的学生。对于教师而言，我们不是在挑选朋友，而是在教育年轻人。因此，我们要努力与所有学生建立公平的关系。其中一种有效的方法就是注意自己与学生的交往行为，避免无意间向学生传递出他们不受重视或不被喜欢的信息。经过30余年的持续研究，这些交往行为类型得到了很好的概括与表述。

30多年前，洛杉矶县教育局的公职人员决定解决师生不平等关系的问题。他们回顾梳理了已有的研究，最终确定了15个有助于学生成绩提升的因素（或者说是师生互动指标）。这些互动指标与学生的学业成绩进行关联，被称为"教师期望与学生成绩"（Teacher Expectations and Student Achievement，或简称为TESA）。研究人员不断地对他们的互动指标模型进行更新，但这15个互动指标却一直备受关注。表2.1列出了这15个互动指标。表2.2则给出了每种互动指标的内容概述。

表 2.1　教师期望与学生成就（TESA）互动模型

单元	A 回答机会	B 反馈	C 个人尊重
	TESA 互动模型		
1	公平分配	确认或纠错	接近
2	个别帮助	表扬	礼貌
3	等待	表扬的原因	个人兴趣和赞美
4	追问	倾听	触碰
5	高水平问题	情感认同	惩罚

来源：洛杉矶县教育局。http://www.lacoe.edu/SchoolImprovement/StateFederalPrograms/SFPPublications.aspx.

尽管 TESA 互动模型关注的是那些由于某种原因没能达到相应年级水平的学生，但我们的工作重点是利用 TESA 互动模型与所有的学生建立积极公平的师生关系。接下来，我们将对这 15 个互动指标及其重要性进行讨论。教师期望和学生成绩（TESA）主要由三个部分组成：

◇回答机会；

◇反馈；

◇个人尊重。

以上每个部分又各自可以细化为许多内容。我们列出这些信息旨在帮助您去思考自己的课堂，想想自己的举手投足、教学行为和互动习惯如何促进学生的学习。每一个师生互动指标都要求教师与学生建立稳固健康的关系。但我们给出这些指标并不只是简单地将它们罗列出来，而是要为您提供一种改进师生关系的分析手段。您可以同时选择一个最难搞定的学生与一个已跟您建立稳固且积极关系的学生，然后将您接下来几天内每次跟他们交流的内容都记录下来。您可以将自己记录的数据进行对比，是不是跟那个最难搞定的学生发生互动的频率明显低于另一个学生？TESA 数据也同样证明了这一现象。无意间，我们往往会去回避那些在学业或行为上有问题的学生，与他们的交流时间会明显少于其他学生。然而，要想和一个不太熟悉的人去建立关系是很困难的。

表 2.2　教师期望与学生成绩（TESA）的 15 个互动指标

◇公平分配回答机会。教师要了解如何为所有学生提供在课堂学习情境中回答问题或表现的机会。

◇肯定或纠错。教师要了解如何对学生的课堂表现给予反馈。

◇空间邻近度。教师要了解学生学习时，教师走到他身旁的重要性。

◇个别帮助。教师要了解如何为每个学生提供个性化帮助。

◇表扬学习成绩。教师要学会如何肯定与表扬学生的学习成绩。

◇礼貌待人。教师要了解与学生互动时如何使用礼貌用语。

◇等待。教师要了解如何保证学生有足够的时间思考问题，而不是马上替学生回答或剥夺学生思考的机会。

◇表扬的理由。教师要了解如何为学生的学习成绩提供有用的反馈。

◇陈述与补充。教师要学习如何提问、补充或陈述涉及学生个人兴趣或经历的问题。

◇循循善诱，改变措辞，提供线索。教师要了解如何通过提供额外的信息来帮助学生回答问题。

◇倾听。教师要学习如何在与学生的交流中运用积极的听力技巧。

◇接触。教师要了解怎样以一种尊重、恰当与友好的方式与学生交往。

◇高水平问题。教师要学习如何提出具有挑战性的问题，这些问题不单单是要求学生简单地回忆信息。

◇情感认同。教师要学习如何以非评价方式认识并接受学生的学习情感。

◇惩罚。教师要学习如何以冷静而礼貌的态度惩罚学生的不良行为。

资料来源：Los Angeles County Office of Education.

公平分配回答机会

师生互动的重点是鼓励学生参与课堂。有证据表明，教师对成绩差的学生提出的要求往往比成绩好的学生要低。相对女生而言，教师更倾向于让男生及与自己关系好的学生来回答问题。有些学生一直安静地坐在自己的座位上，老师却从不叫他们发言。有老师或许会说，这样做是为了避免这部分学生产生尴尬，也有老师会说，这是因为这些学生可能不理解内容或教师的语言，从而无法回答问题或参与讨论。然而，学生却认为他们没有给予回答问题的机会是由于老师不相信或不喜欢他们。这一互动要素要求教师去主动地分析那些经常回答教师提问的学生类型，同时也要关注那些一直不参与课堂互动的学生特点，以便能改变这种机会不均的师生互动状况。

肯定或纠错

当学生真正参与课堂时，他们都想知道教师对自己的回答是否赞同。无论是以口头或书面反馈，还是以测试成绩或项目得分的形式，教师至少应该对他们的回答或表现表示认可。我们知道，学生会根据这些反馈信息来评估教师对他们表现的评价，并对将来的学习投入作出决策。如果学生的回答不正确，他们希望教师能以一种尊重他们个体自尊的方式指出并加以纠正。遗憾的是，成绩差的学生往往容易被教师忽视或者得不到教师的反馈。所有的学生都应该得到肯定和纠错，但是只有62％的学生表示老师会帮助他们从错误中学到东西。教师的纠错必须要能够反映出学生当前的语言和技能发展水平，同时清楚地表达出更高的学习期望。值得一提的是，我们要明白频繁地纠错有时会让学生感到自卑，进而引发不良的学习表现。高效的教师应当能在肯定和纠错之间找到平衡，并以此促进学生的学习。

空间邻近度

教师在课堂上站立的位置是一个有力的激励信号。我们知道，教师经常会通过靠近学生的方式来管理课堂。当然，站在学生边上也能传递出对该学生重视的信息。教师会经常站在表现良好的学生或者与他们关系密切的学生旁边，有时也会临时站在行为表现有问题的学生边上。至于座位编排，成绩较差的学生往往会被安排在教室的后面或角落里，而与教师关系密切的学生经常会被排到教室的前面和中间。教师走近学生并与他们产生互动的目的是确保教师在身体距离方面能够接近每个学生。为了传递教师对学生的重视，教师需要为每个学生提供与自己建立互动联系的机会。

个别帮助

大多数教师都知道每个学习有困难的学生都需要在教师的个别指导下才能获得学业上的成功。然而，相对这些学生而言，那些在平均成绩及以上的学生往往能更加自信地去寻求教师的帮助。而且，教师也倾向于去帮助那些他们喜欢或与他们关系密切的学生。TESA这一互动因素提醒我们要公平地开展学业辅导和教学干预。根据维果茨基（Vygotsky,1978）的最近发展区理论，每个学生都需要得到教师的个性化辅导来促进学习。

表扬学习成绩

每个人都喜欢听到表扬。当表现出色时，我们都希望能得到别人的肯定。对于那些学业有困难的学生来说，表扬尤为重要。遗憾的是，教师课堂上的表扬都给了那些与教师关系亲密的学生。26%的学生表示他们在学校从来没有因为做得好而得到教师的认可。需要指出的是，教师的口头表扬必须要与学生所接收到的非言语信号保持一致。教师传递给学生的非语言信号通常包括与学生的目光接触、与学生说话时的语气、用名字来称呼学生、交流时的面部表情以及所流露出来的真情实意。值得注意的是，表扬能够有助于教师和他的学生建立良好的关系。表2.3列举了教师表扬学生"做得好"时可以使用的各种表达。

表2.3 表达"做得好"的方式

你不为自己感到骄傲吗？	好多了！	精彩！
好极了！	进展不错！	哇！
祝贺你！	你现在已经停不下来了。	你学得真快！
祝贺你！你说得对！	这就是我说的好工作。	你真的学到很多。
完全正确！	现在你成功了。	这是你的优势。
优秀！	现在你已经掌握诀窍了。	你今天做得很好。
太棒了！	现在你明白了。	你今天做了很多事情。
不错哦！	再来一次，你就成功了。	你做到了！
为你点赞！	出类拔萃。	你很快就明白了。
进展很顺利！	完美！	你很有潜力。

续表

干得好！某某同学。	正确！	你说得很全面！
好记性。	一鸣惊人！	你一定练了很久。
好想法。	简直盖了帽了！	你今天超水平发挥了。
多么令人印象深刻。	超级好！	你让我的工作变得有趣。
我知道你能做到。	好极了！	你还记得。
我很喜欢你这样。	那种工作让我很开心。	做得很好！
我认为你做得对。	那是一流的工作。	干得漂亮！
我想你现在明白了。	这比以往任何时候都好。	做得真不错！
我很高兴看到你学习。	事情进展很顺利。	今天做得好多了！
我为你今天的学习方式感到自豪。	这样做就对了。	你每天都在进步。
我真为你骄傲。	就这样！	你真是太棒了！
你是我见过的做得最好的。	这好多了！	你真有进步。
	进步很大。	你今天真的很努力。
	没错！	你做到了。
当你们……时，当老师真是一种乐趣。	那是最好的。	你做得很好。
	这是你做得最好的一次。	你已经很接近答案了。
再接再厉。	这样做就对了。	你差不多已经掌握了。
继续努力。	就是这样做的！	
保持下去。	就该这样做！	
继续做下去。	精彩极了。	
赞一个。	路子对头。	
不可思议啊。		

礼貌待人

尽管我们都知道，教师应该友善地对待学生并与他们开展积极的互动。但是，有研究却表明，教师对待学生的态度并不和善，特别是当他们面对的是某些传统意义上的弱势民族群体时。已有证据表明，这类英语学习者经常会被教师厉声呵斥或被粗暴地对待。凯萨·查维斯（Cesar Chavez）就是其中的一个例子。查维斯回忆说，教师要求他在校期间必须要佩戴一块上面写着"我很蠢，我会说西班牙语"的牌子。尽管这件事发生在很多年前，但与当下不少教师中仍然存在的粗暴态度并无本质上的差异。作为教师，我们必须牢记自己与学生的交往互动会在他们的脑海里留下"我是谁，我能够做什么"的持久印象。每个学生都应该得到教师最起码的尊重和礼遇。然而，只有58％的学生认为他们的老师尊重他们。我们要努力让每个学生都感受到自己被教师关爱且受到重视。

等待

　　等待（或延时）指的是教师提出问题之后到继续讲课或自己回答这个问题之间的时间。在继续上课或要求其他学生回答或自己回答之前，教师如果能保证学生至少五秒钟的思考时间，学生的学习将会更加有效。为学生提供足够的思考时间可以让更多的学生主动回答问题且他们的回答长度也会明显增加。此外，也有证据表明，如果教师能够为学生提供足够的思考时间，他们的思考与回答将更具有批判性和逻辑性。等待还能有效地阻止一些学生"急于喊出答案"的坏习惯。当然，这一问题行为也不能归结为学生的错。因为当我们不注意平均分配回答机会时，学生就会出现抢答的情况（参见 TESA♯1）。我们可以稍稍改变提出问题的方式，比如我们可以跟学生说："我有一个问题要问你们，我希望你们能先认真思考一下，当你确信自己已经知道了问题的答案时，请你竖起大拇指示意。"我们要让学生明白，教师喜欢他们的集体思考，而非仅仅关注那个最快给出答案的人。除了提问和回答之间的等候时间外，教师还应等学生将答案说完并再等上一两秒钟。教师这样做能让课堂上的每个学生都有机会去思考自己所听到的回答。我们敢肯定，您一定有过这样的交谈经历：当您想说的还没说出口，对方就知道了一切。这时的您会有什么感受？您一定感到很受挫，只想草草结束对话。我们可不能让我们的学生有这样的感受。

表扬的理由

　　随着对 TESA 互动指标的深入研究，我们关注到学生认为教师表扬他们也要有足够的理由。如果可能的话，教师在表扬学生时应基于他们具体的行为或回答内容。TESA 的建议是，我们每纠正学生一次错误就要想方设法地表扬他四次。遗憾的是，只有约一半（53％）的学生表示他们的老师认可自己作出的努力……

为此，我们确信我们能做得更好！当我们让学生知道受到表扬的具体理由时，我们可以塑造或影响他们的思维。TESA 建议，表扬应该遵循以下原则：

◇与成绩的取得保持即时同步；

◇针对所取得成绩的具体内容；

◇具有教育意义或表达赞赏；

◇表扬形式多样且真实可信；

◇自然而不夸大；

◇个性化；

◇归因于努力和能力（Los Angeles County Office of Education，2002，D-p. 31）。

表达个人兴趣以及称赞

表达个人兴趣是我们与学生建立联系并表明自己关心他们的另一种方式，这表明我们对他们的生活有兴趣。对教师而言，这样做并不会太难。例如，"阿里安（Arian），我们读的这个故事就发生在你老家那边呢，我想稍后请你来谈一谈作者的描述与你的印象是否一致"。如果学生的人生经历和生活背景与课堂的教学内容相关，那么教师也可以请他们来分享自己的这些经历和背景。此外，教师还可以表扬学生在体育活动中的出色表现，称赞他们为之所付出的努力，或者他们所做的其他一切值得表扬的事情。如果教师这样做的话，学生就知道教师对自己感兴趣而且非常用心。这些针对个体的交流与表扬有助于良好师生关系的构建与维持。通过运用上述这些策略，我们希望可以让更多学生（当前只有 53％ 的学生）相信"教师关心他们每一个人"。

循循善诱、改变措辞、提供线索

正如我们前面提到的，同成绩好的学生比起来，教师很少向成绩差的学生提问题。对于跟他们关系不好或基础薄弱的学生，教师也很少与他们进行互动。此外，教师通常会向成绩差的学生提出更简单的问题。当这些学生表现得犹豫不决或神情迷茫时，教师就会帮他们找一个台阶下，允许他们不作回答。不仅如此，教师很少为成绩差的学生重新表述问题，也很少为那些不被重视的学生提供答案的线索。当向学生抛出简单的问题时，教师其实是在向这些学生强化"你懂得不多"。同时，这也传递了另一个信息：老师对你期望不高。我们并不是说教师只能提一些难的问题，而是希望教师能为问题的解决提供必要的支架，为学生在课堂上的成功提供必要的支持。我们知道，调整问题是一个不错的方法。具体的做法是，教师鼓励学生打开思路，通过重述问题帮助他们理解，为给学生提供解决问题的线索而不是把问题直接抛给下一个学生。

倾听

我们知道，倾听是一项重要的技能。然而，学生在课堂上除了听教师讲之外，几乎没有其他的学习活动。几十年前，弗兰德斯（Flanders，1970）指出，教学成绩优秀的教师在课堂上讲话的时间约占整个课堂时间的55%。相比之下，教学成绩差的教师几乎垄断了整个课堂，至少80%的时间都是教师在讲话。显然，我们教师应该多听听学生的想法。因为当我们成为倾听者的时候，我们就会去关注说话的人，与他进行眼神交流，用非语言线索表达我们的理解，并且可以针对他所说的话提出问题或发表评论。这些倾听技巧有助于构建与维持良好的师生关系。事实上，学生都渴望教师能倾听他们的想法。目前只有43%的学生表示教师会倾听他们的想法。当教师用心去倾听时，学生与教师的关系就会得到改善，他们也能感受到自己被重视。

触碰

我们要尊重那些与触碰相关的不同文化与性别习俗，师生间的触碰必须以此为前提。为了证实这一点，TESA提出了关于身体触碰的假设：多数学生会对教师礼貌性触碰作出积极的回应。当学生进入教室时，教师与他们握手；当学生表现出色时，教师拍拍他的肩膀以示鼓励；当学生完成一个学习项目时，教师主动上前与他击掌。这些身体触碰行为都有效增进师生关系。此外，教师也可以使用眼神和语言去"触碰"学生。例如，我们可以向表现出色的学生眨眨眼睛，在学生做完演讲后给他一个微笑，还可以在与学生交谈时使用第一人称代词"我们"与"我们的"来传达出他们的重要价值及教师对他们的尊重。如果您觉得跟学生进行身体触碰会有不适感，那就要对所有的学生一视同仁。也就是说，如果您和某些学生握了手，那么对于其他学生您也要这么做。正如我们前面所讲到的，学生密切关注着教师的一言一行，他们对不公平的师生关系是很敏感的。当教师与某些学生击掌时，那些没被击掌的学生就会认为他们不如别人重要。

高水平问题

正如我们先前讨论 TESA 互动指标时所提到的，教师通常对学困生提问较少，而且提的问题也更为容易。然而，这样做并不能培养批判性和创造性思维。这些学生也应该有机会来提高自己的提问技能，以帮助他们弄清楚或进一步探索自己感兴趣的东西。调查表明，58％的学生认为他们能很轻松自如地在课堂上提问，这意味着还有 42％（相当大一部分）的学生不善于提出问题。这部分不善提问的学生需要教师为他们提供必要的策略和支持，以帮助他们回答教师的问题或提出自己的问题。

每个学生都应该有机会参与复杂性思维的训练，并得到来自教师的必要支持。为了确保学生认知发展的灵活性，教师需要在教学现场创设好的问题情景以拓展学生的思维。

情感认同

我们不会对周围的世界无动于衷。作为教师，我们需要理解并接受学生对周围事物的感受。我们在第一章提到，只有 43％的学生认为教师在意他们的困难与感受。为此，我们必须要关注学生的喜怒哀乐，帮助他们认识并疏导自己的不良情绪。教师不妨试着去创建一个安全的学习环境，当然教师首先要关注学生的情感生活。一年下来，学生经历了各种各样的情绪体验，如失去亲人的悲痛、新生活带来的激动、犯错导致的尴尬以及受表扬的喜悦。作为教师，我们必须要用心留意这些感受，并帮助他们合理地认识与处理这些情绪。随着师生关系越来越紧密，教师会越来越容易觉察到学生的感受和情绪。

惩罚

TESA 提出的最后一个互动指标是教师为制止学生的不良行为而采取的行动。教师一般都会运用多种行之有效的策略来管理课堂。但在多数情况下，学习成绩差的学生往往更容易受到教师的惩罚。惩罚的实施应与其他互动指标一样，教师也要努力做到公平公正。教师必须清楚地告诉学生，他对所有学生在学习行为和学习兴趣上的期望与要求是一致的。不管现有的教育制度如何，每个优秀的教师都应当清楚：我们实施惩罚在制止学生问题行为的同时也要尊重他们的人格。

TESA 互动模型中的这 15 个互动指标有助于营造积极的课堂学习环境，进而培养学生与教师之间健康且富有成效的关系。通过对上述互动指标的讨论，我们希望广大教师能够清楚地认识到：教师必须对所有学生都抱有较高的期望，并努力与他们建立富有成效的师生关系。遗憾的是，教师并不总是对所有的学生抱有或传递出同样的期望。

教师如何差异化地传递期望

尽管本意是为了学生好，但我们容易在无意中向他们传达这样的信息：我们对他们每个人的看法不尽相同，也并非对每个人都抱有同样高的期望。刚开学的那几天总是那么激动人心，学校里每个人都对未来的学习充满信心。开学时，教师努力与学生建立起积极的师生关系。但到了秋冬交替的时候，这些努力就半途而废了。这时师生的表现状态与他们刚开学时的积极努力形成了鲜明对比。随着时间推移，教师开始对学生提出不同程度的期望。我们一起来回顾一下古德（Good，1987）基于 20 年教师行为的研究发现（完整内容参见表 2.4），当教师开始将学生分为"学优生"和"学困生"时，他们与学生的互动方式就会明显不同。教师不但给"学困生"的思考时间更少，而且批评他们的频率也更高。与"学优生"相比，"学困生"的座位往往会被排在离教师更远的地方，这样教师与这些学生的眼神交流也自然就更少了。

表 2.4　对学优生和学困生区别对待的教师行为

◇给学困生回答问题的时间更少。

◇直接把答案告诉学困生或邀请另一个学生来回答问题，而不是通过提供线索或重新表述问题来想方设法改进他们的回答。

◇因不良行为或不正确的回答而惩罚学困生。

◇同样是失败，成绩差的学生更容易受到批评。

◇同样是成功，成绩好的人更容易受到表扬。

> ◇不对差生的集体回答作出反馈。
> ◇不太关注成绩差的人，也不经常与他们交流。
> ◇不太点成绩差的人起来回答问题。
> ◇把成绩差的学生安排在离老师较远的地方。
> ◇对差生提的要求更少。
> ◇与差生的私下互动比公开互动多，且更密切地监控与限制他们的活动。
> ◇在考试或作业评分时，对成绩好的学生更宽容。
> ◇与差生的友好互动更少。
> ◇给差生的反馈更简短、信息量更少。
> ◇与差生的眼神交流或其他形式的非语言交流更少。
> ◇在时间有限的情况下，给差生的辅导更少。
> ◇不接受或采纳差生的想法。

资料来源：改编自 Good, T. L. (1987). Two decades of research on teacher expectations: Findings and future directions. *Journal of Teacher Education*, 38 (4), 32 – 47.

教师对于学生的期待不高总会以某种微妙的方式显现出来。尽管教师自认为他们对所有学生的期望值都很高，但事实证明现实的情况并非如此。教师对学生的不同期望与学生的种族、语言能力和社会经济地位有关（McKown & Weinstein, 2008; Parker, Jerrim, Schoon & Marsh, 2016），这是不争的事实。教师的本意可能是出于对学生的考虑：他们不想让学习有困难的学生因无法完整地回答问题而感到尴尬，他们也不想让学生因为难以完成的作业而感到沮丧。同时，教师也担心用反馈的形式去纠正他们的错误会剥夺他们思考的权利。教师和学生之间这些看似不起眼的互动，可以促使学生对自己抱有很高的期望，也可以让学生一言不发，进而成为被动的学习者，默默地看着教师转向另一个学生寻求答案。事实上，我们可能对"学困生"爱护有加，试图为他们排除一切学习障碍。当孩子们进行看图说话时，教师不同的提问会引发不同的回答。以下是两个师生互动片段：

T：杰克逊（Jackson），这张图片里发生了什么事？

S：[无回应]

T：（图片中的）孩子们在干什么？

S：男孩。

T：艾斯特（Esther），你能说说孩子们在做什么吗？

提出问题并重新表述了一遍问题之后，教师转向另一个学生寻求答案。教师之所以这么做，或许是认为孩子回答不出而把他晾在那里会让他觉得不自在，又或许是因为课堂时间紧，想确保上课的进度。现在，让我们来看一看教师耐心等待会带来什么样的结果：

T：麦迪逊（Madison），你觉得照片里的孩子们是什么感受？

S：[无回应]

T：看看他们的脸。你觉得他们有什么感受？

S：伤心。

T：他们为什么会伤心？

S：[无回应]

T：图片中有没有线索告诉你他们伤心？

S：球到篱笆外面了。

T：为什么这会让他伤心？

S：他们够不着球。

T：把这些想法串起来试试。

S：孩子们很伤心，因为球飞到篱笆外面，他们不能再玩了。

第二个交流片段所用的时间比第一个多了一分钟。就对话技巧而言，教师使用了提示和线索为麦迪逊搭建支架。然而，有趣的是，上面的这两个互动片段发生在同一堂幼儿园的小组课上。无意中，教师向幼儿园的孩子们传递了这样一个信息：她对杰克逊的期望远远低于对麦迪逊的期望。

师生关系的支持因素

除了走心课堂和确保公平外，教师也是学生的支持者。教师要与学生建立良好的师生关系，相信他们的学生，并帮助他们成为最好的自己。尽管我们交流过的每位教师都同意这一点，但只有73%的学生认为老师相信他们。而其他27%的学生急切地想要知道自己是被老师所喜欢与信任的。讲到这里，我们想起了著名儿童心理学家尤里·布朗芬布伦纳（Urie Bronfenbrenner）的一句话："每个孩子都需要一个为他着迷的成年人来推动成长。"（引自 Penn，2008，p. 46）我们认为布朗芬布伦纳的措辞是严谨的。他没有用"有些孩子"，而是说"每个孩子"。孩子们需要支持者来推动自己成长，这些支持者会竭尽全力确保他们取得成功。用布朗芬布伦纳的话来说，那就是"着迷者"，这一表述非常有意思。我们认为这一表述意味着成年人要无条件地去爱护儿童，为了追求适合孩子的成长，我们甚至需要抛开一些理性/富有逻辑的想法。当然，我们并不是要求教师去违背法律。但是布朗芬布伦纳的话提醒我们应当尽自己最大的努力去保护学生，这也是社会对于我们所提出的责任。需要指出的是，我们不仅要保护学生的身体（身体的保护自然很重要），还要关注他们的心理健康、社会适应和情绪健康状况。作为儿童和青少年成长的支持者，我们在照顾他们的时候理应尽全力保护他们免受任何伤害。没错，作为教师的我们暂时成为了他们生活中的一员，而作为家庭成员就是要在帮助孩子成长方面发挥重要作用的。当他们和我们在一起共处时，我们要确保他们有足够的安全感——安心地做实验，放心地表达自我，健康地成长。

有些时候，良好的师生关系也需要其他成年人的共同维护。例如，塔米（Tammy）因没有归还运动器材而受到斥责，而且管理员没有给她解释的机会。后来，塔米将事情的原委告诉了她所在年级的老师。导致她没有归还的原因是，正当她收拾完运动器材时，另一名学生突然又将它们扔到运动场上。为此，塔米的老师将器材管理员请到教室里，并让塔米向他解释这件事情的经过。这位好心的成年人当即向塔米道歉，并保证今后要是碰到类似的情况一定要问清楚事情的缘由。此外，器材管理员赞赏塔米的老师对孩子的用心呵护，并表示："我们只有了解了真实情况，才能将事情做得更好。从这件事中我也学到了不少，我要感谢您！"

另一些时候，教师将不得不通过法律途径来维护学生的权益。如果学生信任老师，他们就会将自己受到的伤害告诉老师，不管是身体上的，还是心理上的。这时，教师就有责任为学生主持公道，并设法妥善地解决他们碰到的问题。例如，当得知学生所遭受的虐待时，教师必须及时通知相关部门以维护学生的权益。或许这做起来并不容易，但的确很重要。当学生知道成年人在意他们并为他们采取行动时，师生关系就得以维持。我们一定碰到过很多学生主动跑过来跟我们分享他们艰难处境的情况。要知道，很多年轻人都曾有过内心感到恐惧的经历。因此，当学生向我们教师求助时，我们必须采取相应的行动，哪怕这样做会让我们感到难过。

欺凌和网络欺凌是需要教师为学生维护的问题。据"全国学生心声调查"统计数据显示，40%的学生认为，欺凌是学校的一大问题。有一些人群面临着高欺凌风险，特别是那些被认为是同性恋、双性恋、变性人或性别模糊者（LGBTQ+；Schneider，O'Donnell，Stueve & Coulter，2012）。教师不应该等学生来告诉你他们已经受到他人欺凌。我们建议教师让学生参加有关欺凌和网络欺凌的课程，并明确告诉他们，这是不可容忍的。这些开放性对话向学生传达出你的包容以及你对他们的关心（有关欺凌的教育资源可访问 http://www.pacer.org/bullying/resources/toolkits）。此外，学校可以创建一个匿名报告系统，例如"sprigo"（http://www.sprigo.com），这样学生就可以向能够解决问题的人报告情况。

修复性活动

即使欺凌没有产生大的问题，学生与教师的关系也会受到损害。人类总是互相伤害，有时是故意的，有时是无意的。不管怎样，伤害已经造成。如果教师不能认识到或解决学生所经历的伤害，师生关系就得不到发展。一句"像男子汉那样甩掉它"（一种充满性别刻板印象的评论），或是"随它去吧，没那么糟糕"都表现了教师的不屑一顾。随着时间的推移，如果伤害得不到解决，学生就开始相信他们的老师并不关心他们，这时，他们开始萌发退学的想法。依据个人经验，我们也知道，处理伤害会耗费大量的课堂时间，我们承认两者必须要有一个平衡。修复性做法在建立关系和消除伤害方面是一种很有前景的做法（Anyon et al.，2016）。我们看过教师处理伤害的比较有效的方法是使用活动圈，让学生分享各自的想法。

活动圈

活动圈是帮助学生处理伤害的修复性实践模式的一部分。活动圈类型很多：有要求每个学生发言的活动圈，邀请志愿者发言的活动圈，还有指定少部分学生坐在"鱼缸"里分享他们想法的活动圈。他们的共同点是，学生明白，一天或一周中有一段时间他们可以分享自己的经历。年初，我们建议讨论的主题集中在日常生活、程序和课堂内容。学生需要时间来适应这个过程，以及与教室里所有的人建立信任。

温迪·索尔（Wendy Saul）老师班里那些三年级学生每天午饭后聚成一圈。正如她所说："我不担心把教学时间花在这上面主要基于以下三个考虑：首先，他们这也是在练习语言。其次，如果他们真的因为某件事而感到不安，他们也很可能学不进什么内容。最后，活动圈并不会花费多少时间，而且我可以在活动圈期间解决大多数的行为问题，这将让我一天里其余的时间更加安心。"

在今年上半年的一个活动圈活动中，索尔老师让学生分享接下来几个月的目标。布兰迪（Brandi）说她想要提高写作水平。迈克尔（Michael）说他想提升乘法运算速度。安娜（Anna）说她想达到"连续跳一百下且不触碰绳子"的跳绳水准。每个学生都有一个目标，同时也能听到其他同学的目标。活动结束时，索尔老师让学生回到座位上写一个计划来实现他们为自己设定的目标。

不久后，索尔老师又让学生讨论"如何改善我们的学习体验"。轮到亨利（Henry）时，他交流了自己被禁止踢足球的感受。苏尔老师注意到了亨利的情绪，打算事后跟他开展进一步交谈。当五个学生说完之后，阿曼多（Armando）却说："我想最好能让亨利在课间和我们一起玩。不过，他可能不喜欢我们。那次比赛他说了许多刻薄的话，所以我们不让他上场。不过那场比赛我们踢得也并不开心。亨利，如果你想玩就来玩吧，但是你能不能别再说刻薄话了？"索尔老师注意到了这次交流，并特意与亨利谈了他与同伴的语言，并在操场上监视了几天，看看她的学生是不是真的接受亨利。

修复性谈话

有时，学生之间会互相伤害，他们也会向老师求助，让我们帮助他们修复已经造成的伤害。关于修复性练习，最重要一点就是让学生有机会学习他们的行为如何影响他人。当他们意识到其他人的情感受到伤害并且能感受这些伤害时，他们就会产生同理心。我们明白，不是所有的情况都能被修复。但作为学生的维护者，教师应该知道如何修复学生之间受损的人际关系。这样，课堂就变成了一个更富有成效的学习环境，学生也开始更加信任自己的老师。

修复性谈话不是责备或者惩罚肇事者，而是给他们一个弥补的机会。这并不意味着肇事者免受惩罚——他们是否会受到惩罚，这取决于他们造成的伤害的严重程度。在传统的惩戒中，受害者往往被忽视。一旦大人觉得调查已经结束，受害者就很少有机会与肇事者对质。大人实施惩罚，事实上导致学生之间的关系更加紧张。

良好的修复性谈话让受害者有机会说明他们的伤害是如何造成的，以及可以采取哪些措施来修复伤害。受害者很少能在受到伤害后立即参与这一对话，可能需要一个大人的支持才能提前做好对话的准备。通过对话，肇事者听到受害者如何受到伤害，并试图弥补这种情况，比如承诺不再做这样的事情。修复性活动不是解决问题行为的快速方法，但是，它们是对学生与其他关系的长期投资。因此，实施好的修复性活动需要一个完整的全校性方案。国际修复实践研究所（www.iirp.org）提供了非常好的资源和专业学习。

洛伦（Loren）和海莉（Haley）似乎从来没有好好相处过。她们每个人都有一群朋友，经常谈论对方的圈子。终于有一天，她们的敌对情绪在网上升级了，而且不在老师的视线范围内。有一次，有人无意中听到洛伦对海莉说了一句非常粗鲁的话。海莉用同样不堪入耳的侮辱性话语反驳回去。她们的老师马特·特恩布尔（Matt Turnbull）和这两个学生关系一向都很好，他被她们这一出格举动给惊到了，要求放学后与他们见面交流。

坐在房间里，老师谈了他所听到的情况和感受。然后问这两个女孩为什么这么愤怒，但没有一个人能够说出来。她们承认不喜欢对方，但也说不出具体原因。谈话似乎没有什么进展，之后特恩布尔老师问："你们喜欢学校吗？"两个人都说在学校感觉很紧张，因为她们担心一个人的时候对方会对自己做些什么。就像洛伦说的："真的，我在学校本来可以做得更好，但我花了太多时间思考如何回击海莉，我担心她在背后说我什么。所以说真的，学校对我来说不是个好地方。"

特恩布尔老师决定试试"如果你了解我，你就会知道……"的方法，看看他能不能向这两个女孩证明，她们的相似点多于差异。他先作了示范"如果你了解我，你就会知道我是个爱狗的人，我有三条狗，他们占用了我很多时间"，然后让每个女孩按这个模板来说一说。

女孩们轮流回答，起初是一些肤浅的回答，如"如果你了解我，你就会知道我最喜欢的颜色是黄色。"随着回答推进，信息变得越来越私人化。当中，海莉说，"如果你了解我，你就会知道我爸爸在服刑。"听到这，洛伦哭了起来，"这也是我最害怕的。我爸爸不再和我们住在一起了，因为我妈妈说他做了违法的事。我真的不想让他坐牢"。她们找到了共同点。

特恩布尔老师让她们又交谈了几分钟，然后打断道："你们两个能不能向我保证，同时也向彼此保证，停止前阵子那些糟糕的事？你们两个我都了解，但仅仅我或者别人了解你们是怎样的人还不够。你们不必成为朋友，但能不能让彼此在学校感觉更好一点？你们真的没必要整天担心对方想什么或说什么，对吧？"女孩们同意了，海莉补充道："但我现在确实觉得我们以后会成为朋友，那样就更好了。"

小结

健康、富有成效的人际关系使学校成为教师、学生和领导者的更好场所。不可否认，老师应该把精力放在与学生建立牢固的关系上，特别是他们一年下来有很多时间要待在一起。此外，有确凿的证据表明，师生关系有助于学习，这值得我们花费时间。如果你怀疑这一点，想想当你遇到几年前的学生时的场景。学生对你说的第一句话是什么？"你还记得我吗？"他们总是问这样的问题，因为他们想知道你们的关系是否重要到足以让你记住他们。当你告诉他们你记得的时候，他们会兴致勃勃地说起你做过的事：你如何让他们觉得自己受欢迎，如何引导他们投入到学习，如何对所有学生一视同仁，如何一边帮助他们成长一边维护他们。

你可以回忆一下任何一个对你有重大影响的老师，那个老师可能在你身上发现了你自己都没发现的东西，而他能做到这一点是因为你们有互相信任的关系，那个人能够以一种你自己都不了解的方式了解你。

没错，师生关系很重要。

第三章 清晰施教

这是一个来自两所学校的故事，这两个学校都想尽办法确保学生能花更多的时间在学习上。教师工作十分努力，早上六点来到学校，一直工作到晚上六点。学生也表示，他们的老师很在乎他们，他们也喜欢待在学校里。根据统计结果，两个学校的人数相当，其中大约一半的学生生活贫困且语言不通（他们说着各种不同的语言）。但无论是教师组织的阶段检测，还是州立考试，这两所学校的学习测试结果却大相径庭。

当我们踏入这两所学校，与学校的学生进行学习交流时发现，学生的课堂学习经历存在明显的差异。在第一个学校——花谷学校（Blossom Valley），校长会不时地停下来问学生：你在做什么？将近一半的学生被询问他们手头正在完成任务的相关信息。在另一所学校——山景学校（Mountain View），校长问了学生不同的问题："你在学什么？"几乎每一位学生都给出了当天学习目标的个性化回答。

这一幕让我们想到了学生对于他们学习的主人翁精神（责任意识）。我们认为，花谷学校的学生更多地关注于完成任务，而山景学校的学生更关注他们的学习。考虑到学生被询问的问题有所不同，我们征得校长同意再次约谈学生。当我们再次踏入教室，我们问了学生以下三个问题：

1. 你在学什么？
2. 你为什么要学习这些内容？
3. 你怎样判断自己已经学会了这些内容？

我们发现，花谷学校的学生很难答上来，在大多数情况下，他们回答的是他们正在做什么而不是他们正在学什么。当被问及他们为何要学这些内容时，他们的回答主要集中在以下三个方面：（1）将来的事件（如上大学或找工作）；（2）州立标准；（3）没办法（不知道）。花谷学校没有一位学生能告诉我们"他们如何知道自己已经掌握了这些内容"。一些学生告诉我们，他们的老师通过浏览他们的作业、判分、测试等方式了解他们掌握所学知识的情况。

以上情况与山景学校的学生回答形成鲜明的对比，与我们交谈的每一位山景学校的学生都能告诉我们他们所学的内容，他们理解每天的学习目标而且能用自己的语言表述出来。例如，全班学生正在学习"生命周期"，黑板上写着学习目标"学生能够识别（记）昆虫的生命周期与人类的生命周期相似"。当问及他们所学的内容时，布兰顿（Btandon）回答："我正在学习生命周期，今天我们学习蝴蝶与人的生命周期的不同。例如，我们不产卵，但蝴蝶会。"蕾切尔（Rachael）回答："我正在学习不同的生命周期，人类与蝴蝶、青蛙的生命周期是不同的。尽管它们都是生出来的，但出生的方式是不同的，像蝴蝶与青蛙是产卵的，但人类不是。蝴蝶的生命周期中有变化迅速的蛹茧期，青蛙自生活在水中的蝌蚪之后变化很大，而人类没有太大变化，只是长大而已。"当被问及他们为何要学习这些内容时，学生的回答主要集中在以下三个方面：

1. 他们将在学校之外去使用这些知识（信息）。例如，哈桑（Hasan）谈到他正在学习分数，"以便我能精确地测量家里的东西"。而玛拉（Marla）说，她正在学习分数，"因为人们经常会给你一些有分数的信息，如'13.30'时，你得知道这是什么意思。"

2. 他们需要了解自己。例如，迈克尔（Michael）说"写作课上他可以明白如何根据不同的读者进行写作与修改（加工）"。泰勒（Tyler）说她正在学习"我如何解决问题，老师给出一种方法但这个方法并不是唯一的，我得学着用我自己的方法去解决问题"。

3. 他们需要为将来的学习做准备。塔尼娅（Tanya）说，"我学习这些常见词是为了让我自己阅读得更快一些"。比利（Billy）说，"我学习这些常见词因为它们会在我的书里出现"。安德鲁（Andrew）说，"学这些词很重要，因为如果我不明白为何殖民者不接受英国人，那么我就无法理解美国独立战争"。

最后，当被问及他们如何知道自己已掌握了这些内容时，山景学校的绝大多数学生都提到了独立的知识运用。一些学生谈到，他们有能力去教其他学生。还有一些谈到在做项目或其他评估中运用他们的知识。除此之外，还有学生认为他们能够将自己所学到的内容告诉他们的父母，也有学生表示，当自己能记住所学的内容时，他们对所学内容感觉良好。

山景学校里学生的学业成绩明显胜过花谷学校的学生，这一点不足为奇。我们将造成这一差距的原因归结为，那里的教师对教学目标清晰并使得学习具有相关性，而且这些教师开发了学习成功标准，学生对于自己的学习有较强的责任意识。换言之，学生所学的内容清晰度很高。你或许会对山景学校里学生的行为表现胜过花谷学校的学生感到惊讶。事实上，相比花谷学校的学生，山景学校的学生更少受到纪律处罚的管制。两所学校的留级率也是不同的，山景学校的学生留级与被开除的学生数量也较少。

尽管这种情况发生在两所小学，但同样适用于初中与高中。当学生知道他们"应该学习什么内容""为什么学习这些内容"以及"如何知道自己已经学会了这些内容"时，他们就会学得更多，行为表现也更佳，对于学校的学习生活也更加投入。教师与课程内容的有效交融（即清晰施教）对于学生的学习意义重大，会在很大程度上促进学生的学习效果。这可以进一步拓展成"通过设计促进学生投入的方法",这种方法认为,师生关系、清晰施教与任务挑战的有效交融势在必行,也是必要的。

清晰施教

我们的行为会受到目标的驱使。当我们的行为与目标一致(相结合)时,我们就会以一种更有意义的方式投入。我们能将自己的进展与目标对照,一路做出调整,注意我们何时需要帮助,并评估我们自己的成功。目标意识将我们的行为变得执着,激发我们将任务完成的内在动力。这不正是我们想要学生达到的状态吗?清晰施教对激发学生好奇心与创造力这一学习品质至为关键。但是尽管我们努力尝试,"全国学生心声调查"的数据却令人担忧。只有57%的高中生对"学校激励我去学习"这一陈述表示赞成。只有38%的学生同意"老师的课帮助我理解日常生活所发生的一切"。作为未成年人,相当多的学生很难找到学校学习(生活)的目的。

学生要在课堂上实现预期学习目标,教师教学的清晰度是非常重要的。我们认为,清晰施教包括以下四个主要方面:

◇教师知道学生应该学什么;
◇教师知道学生是怎样学习的(即学科教学知识);
◇学生知道他们应该学什么;
◇教师与学生知道成功的标准。

教师的清晰施教达到了0.75的效应量(Hattie,2009),这相当于将近两年的学校学习量(一年内的学习相当于两年的学习成效)。这很有意义,不是吗?当教师与学生对"需要学习的内容"以及"如何知道他们达到学习的预期目标(评价学习的发生)"达成了共识,我们就省出了大量寻找目标的时间。

对于"学生如何学习"的深刻理解有助于教师的清晰施教。芬迪克(Fendick,1990)提出了确保课堂教学与评估妥善安排的四个教学实践,诸如学习者知道他们所学的内容和他们如何评价自己的进步。

1. 组织的清晰性。课堂任务、作业与活动要与学习目标、学习结果相关联。

2. 讲解(解释)的清晰性。对于学生来说,教师传递的信息应是相关的、准确的与可理解的。

3. 举例与指导（实践）的清晰性。课堂应包含解说性与富于启发性的信息，以便帮助学生不断走向独立，在更少教师支持的情况下取得进步。

4. 学生学习评价的清晰性。教师定期从学生那里获得口头或书面的反馈，并积极做出回应。

这是学习的科学。一个具有学科知识的人并不一定就具备学科教学知识。或许你在自己的教育经历中碰到过类似的情况，你选了一位深厚学科专业知识的知名教授的课程，但却发现他并不理解新手（学生）是如何学习的。当然，一名教师需要具备学科专业知识。很难想象一个不懂代数 II 知识的教师会成为一个高明的代数老师。但是，教师的学科专业知识只有 0.09 的效应量，并不能保证让学生学好这些知识（内容），教师也需要学科教学知识，这是教学的科学。对于学生如何与所教学科进行互动的知识就是学科教学知识（Shulman，1987）。

在这一章，我们将解释如何将教师清晰教学的以下四个元素融入到你的教学中去。

◇知道学生应该学习什么；
◇知道学生如何学习（PCK 学科教学知识）；
◇知道如何去评估学生的学习情况；
◇知道怎样开发成功的标准。

正如我们在第一章提到的，课程内容与教师的有效交融是指向投入设计的主要成分。

知道学生应该学习什么

如果你不知道你的目的地，那么你就无法安排旅行。当然，你可以漫步于风景，遇见各种惊喜，但这一定不是你平常的旅行。我们教学生学习知识就好比是去旅行，因为我们事先在头脑中有学生需实现的具体目标，并相应地进行备课。这些学习结果通过内容标准用语言表述出来，尽管这不是课程标准文件中的一个章节，但不得不承认它是教学的路线图。每个标准文件中包含两个假设（预判）：一是教师怀有"每个学生都能达到或超过所在年级或课程的标准"的期待。二是教师都具备组织（教学）内容及将它们与知识有逻辑地融合在一起的能力。73%的学生认为教师信任他们并期待他们成功。我们的梦想是100%的学生都要知道我们信任他们并相信他们有能力成功。

传递期望

当教师将对学生的高期望传递给学生，他们让学生有归属感，教师相信他们的潜能，教师主要的职责就是帮助他们实现成功。教师期待对于学生的学习具有不可估量的作用。哈蒂（Hattie，2015）指出，教师对于学生的学习期待具有1.61的效应量，是所有被测200个因素中影响最为显著的因素，它相当于三倍的学习效果（三倍于一年的学习效果）。

那么教师如何向学生传递他们的期望呢？在上一章里，我们探讨了对我们与学生互动（语言或非语言）的方式进行监控，避免我们对某些学生降低期望（Good，1987）。在这种情况下，值得注意的是，我们与那些尚未达到期待的学生的互动量（我们故意选择一些词，如用yet来传递乐观）。当你让学生专注于对话中的内容，你就在向他与班级的其他同学传递这样一种"你尊重他作为一名学习者"的理念。我们不是审问学生，而是真正地探询学生的、其他学习者（包括教师）可以学习的想法与视角。只有47%的学生认为教师乐意去向他们学习。当学生认为他们参与课堂不仅仅是为了获得分数，而是融入到一个学习环境。尊重个体想法并将他们的想法作为班集体学习（包括教师在内）的关键性贡献。

我们知道一些学生不愿分享他们的想法，尤其是当他们已经形成了"教师每次上课就是为了寻求正确的答案"的观念。为此，我们提出以下建议：

◇提出复杂的问题之前，给学生时间进行小组协商；
◇确保回答者的合理分配（一定的提问范围）；
◇保证学生回答前后的等待时间。

很多教师在提出一个引发思考的问题之后，会要求学生在做好回答准备后向教师发出信号，例如竖起大拇指。"我看到五位学生已经做好了回答问题的准备，现在已经有七位了，请大家继续思考。"她继续说道。接下来，华盛顿（Washington）女士叫了一位花了较长时间思考（准备）的学生。"我想要确保我不总是叫那六位看上去能回答问题的学生，"她说，"等待学生分享观点的时间是值得的。"的确，给学生进行思维碰撞的机会总是没有错的！

理解标准

确保对学生合理期待的方法之一就是去参照该年级水平的标准，这些文件作为指导性意见，给出了学生所处学段课程需要掌握的内容。拉里·安斯沃思（Larry Ainsworth，2011）开发了一个做事流程以帮助教师分析标准进而确定学生还需要学习的内容。他推荐的教学方法从理解标准提出的要求开始，然后通过逐一明确所给标准来完成：

◇动词——学生如何证实他们对内容的理解；

◇名词——要求学生知道的内容。

例如，二年级学生应该对照两种及以上版本的不同作者或来自不同文化的同一故事（如《灰姑娘》）（National Governors Association Center for Best Practices and Council of Chief State School Officers，2010）。

动词告诉学生需要比较与对比，这意味着学生必须理解"compare"与"contrast"这两个词的意思，知晓如何在认知上投入到比较与对比的学习活动中去。同时，他们还必须能够运用阅读中的语境知识（如运用语篇中的名词"versions""story""authors"与"cultures"）。同样的，学生也需要理解术语并懂得如何运用信息去分析文本。希望你已经明白这一标准需要教师为学生设计多元的课程以帮助他们最终掌握。很多学区为教师分析标准组织了广泛的专业学习。这项工作的真正价值能从深度理解并参与这一教学过程的团队中被找到。确实，当学校里的同事在一起备课时，共同分析标准，合作性地开展教学研究，他们将获益更多。

当我们备课时，我们还需要考虑必备的基础知识、关键词汇（特别是那些标准中没有的词汇）、教学与评价的设想。表3.1是教师用以标准分析的备课工具。回到上面提到的二年级学业标准，它规定学生应知道同一故事的不同版本。如果他们还没有达到这一标准，我们的教学就得从那里开始。除此之外，标准要求学生知道故事类文本与信息类文本的差异。对于这一标准，学生应知道叙事类文本与说明类文本特点的差异。如果学生尚未掌握，那么本单元的教学就需要包含相关信息（内容）。除了标准提及的词汇要求，学生还需知道下列术语：观点、角色、背景、难题、目标、信息、道德、事件、解决办法、情节、相似点、不同点，等等。教学设计应包括用《灰姑娘》的两个版本进行教师示范与《苹果佬》的不同版本的小组合作学习。教师可以备一系列的课，每天用不同的视角来分析这两个文本。例如，第一天分析角色，第二天分析背景，第三天分析目标与意图，依次类推；评价选择可包括复述、概念图、书面提示后的反馈等等。

表 3.1　分析标准

标准	
概念（名词）	技能（动词）
必备基础知识	
关键词汇	
教学理念	
测评工具	

这里我们的观点是，清晰施教需要教师知道学生应学习的内容。这要求教师保持对学生的高期待以及对所在年级水平标准的深刻理解。教师应能够让学生明白这些标准如何为他们的未来做准备。67%的学生认为他们学习的内容对他们的将来有帮助，当学生真正懂得了学习标准与他们未来的联系，他们的学习将变得更有意义，他们也将对学习表现得更加投入。此外，教师教学的清晰度需要对学生当前的理解程度（掌握情况）进行评估。

已掌握情况的评估

正如我们之前提到的，绝大多数标准都对学生的背景知识进行了假设（有一定预判）。一旦当学生的背景知识缺席时，教师就必须通过教学来填补这一空缺（信息差）。但是，凡事都有弊端，对于那些已经具备相关背景知识的学生而言，参加相同的课程无疑是浪费时间。因此，要真正了解学生需要学什么比分析标准要复杂得多，这需要教师对学生的背景知识进行事先评估。当然，我们不愿在事先评估上花费太多时间。但倘若学生都已经掌握（理解）了下一单元的学习内容，那么我们浪费的时间将更多。

南希（Nancy）与道格拉斯（Doug）一直任教十二年级两个大班的英语课，这两个班的人数均超过了80人。有一个教学单元要求学生比较歌剧《波西比亚人》与音乐舞台剧《吉屋出租》及其改编电影。教师之所以选择与百老汇音乐剧《吉屋出租》相关的文本，是考虑到能够让所有的学生都能参加。在这个单元开始的时候，我们基于十二年级课堂标准为学生提供了10个基于戏剧元素的测试题。例如，其中有一个问题是这样的：

戏剧中的对手叫_____。
A. 反派人物　　　B. 主角　　　C. 配角　　　D. 障碍

几乎每位学生都能答对，这一点我们并不感到惊讶。因为这一块内容在高中前已经有过涉及。基于这样一种情况，我们没有必要再次花时间讲这一块内容。倘若很多学生还不能回答上述问题，那么我们就需要重新考虑我们的教学了。

有很多方法可以对学生的已有知识进行评估，为此我们不建议教师完全依赖选择题的测试形式。在教学实践中，我们常用写作论文、论述题、复述、视觉呈现、表演来了解学生对相应内容的掌握情况。这并不是一个具体工具，而是对该年级水平的期待与当下学生群体表现水平之间的差距。一旦明确了这一差距，教师就可以按照一定逻辑顺序组织教学内容、设计课时，以确保学习的真正发生。

组织教学内容

有经验的教师知晓所教内容的范围与顺序，并且知道如何以一定逻辑去传递概念与技能（Donovan & Bransford, 2005）。很多课程标准文件中提出的学习进阶要求我们经由"表层学习—深度学习—实现迁移"这样的顺序来组织教学内容，以帮助学生逐渐加深对知识的理解（Ficher, Frey & Hattie, 2016）。在表层学习阶段，学生学习话题内容的初始轮廓和边界，包括基本原则及相关词汇。学生进入深度学习阶段，他们开始联系话题概念、识别类型与建立图示，意在为知识的迁移作准备。也就是说，将所学内容运用到新情景中去的能力。这些阶段并不是说学生的学习是完全同步的。换言之，不是说小学生停留于表层学习，初中生进入深度学习，而高中生只关注迁移应用。当学生在学习新知识时，都需要经历这三个阶段。以写作为例，学生需要不断学习新技巧并不断运用到他们的写作中去（表层学习），阅读时能够识别作者所运用的相似写作技巧（深度学习），在自己的作文中进行运用（实现迁移）。当学习使用描述性语言时，低年级学生可能会经历这三个阶段。高年级学生在学习论证与修辞时也有相似的经历。专家型教师能够很好地理解这样一种学习过程，并能以此组织教学让学生学习、巩固与运用知识。

尽管表层学习、深度学习与实现迁移这三个阶段需要几周甚至几月的时间，但是如果学生要想对知识进行结构化，那么对日常学习期待的关注是极其重要的。不论我们称之为学习意图、学习目标抑或是意图陈述，其目的是一样的：今天学生将学习什么内容。日常的学习目标通常分为三个方面：

◇内容目标；

◇语言目标；

◇社交目标。

(Fisher & Frey, 2011)

整合起来，这些方面描述了教学的认知、语言与行为目标。例如，五年级科学教师玛格丽塔·埃斯皮诺萨（Margarita Espinoza）关于星星的教学目标是这样的：

◇内容目标：理解恒星从形成到成为白矮星消退的生命周期；

◇语言目标：运用描述恒星生命周期的词汇（恒星星云、恒星、红巨星、行星状星云、白矮星）；

◇社交目标：与同伴开展合作学习，分享信息、彼此提问与认真倾听。

埃斯皮诺萨女士在她科学单元的表层学习阶段帮助她的学生学习基本概念与相关词汇，如在单元稍后的教学中改变了目标，她开始思考将学生的学习过程引入深度学习，她要求学生将当前关于恒星的学习与他们先前食物网络关于物质的知识相联系：

◇内容目标：追踪系统中物质变化过程；

◇语言目标：比较与对比在星星生命周期与地球上的食物网中物质是如何变化的；

◇社交目标：确保每位学生有时会参与讨论并作出贡献。

在这个单元的后面，他们又回到先前所学的物质守恒定律，以搞清这些原理是如何在太空或地球上适用。这次，他们正完成一项实验室实验：

◇内容目标：考察恒星颜色与其密度的关系；

◇语言目标：作出假设，并在讨论或写作中解释你的推理过程；

◇社交目标：在一起做实验的过程中遵守实验室安全规则。

由于埃斯皮诺萨对教学内容的组织以及她对每堂课的日常教学目标的关注，使她的学生对于恒星的演变过程理解得更透彻，并能与地球或太空中的能量与物质如何运动相联系。埃斯皮诺萨的教学方法表明她并不是简单地（不顾学生学习）就指定课程赶进度，她具有专家型教师的思维框架特征，能够瞄准表层与深度教学的结果（Hattie, 2009, p. 5）。事实上，一项对持有全国委员会认证证书（NBC）的教师与那些申请但获得此证书的教师的大规模对比研究表明，他们带领学生从表层到深度学习的能力存在差异（Smith, Maker, Hattie & Bond, 2008）。尽管持证教师的学生中有74%的作品体现深度或迁移水平，但只有29%未获证教师的学生提交了代表了深度学习水平的作品。换言之，经验不等同于专长。专家型教师对于他们的学生具有高期望值，而且知道如何去推动知识的深度学习。

知道学生如何学习

我们本章前面部分介绍了学科教学知识，即教师将学科专业知识通过教学进行解释的能力，有效地教授K-12的学生需要儿童与成人发展的知识，同时还需要了解人是如何学习的。尽管"白板说"长久以来被反驳，但讲座式教学仍然是学校教学的主要途径（形式）。但是，仅仅告诉学生与教他们是不一样的。学生通过多种渠道进行学习，包括示证与示范、指导性教学、同伴合作、独立学习，这种教学框架被称为"扶放有度教学"（Fisher & Frey, 2014）。让人欣喜的是，"全国学生心声调查"的数据表明，教师所采用的教学方法因人而异，74%的高中生表示教师上课方式不尽相同。

专家型教师善于激发学生心理与情感层面的安全感。他们承认学习有时是很困难的，但学生知道教师是行家里手。哈蒂（Hattie, 2009）将之称为"教师信誉"（teacher credibility），它具有0.90的效应量，对学生的学习具有积极影响。

教师信誉表现为以下四个维度：

◇信任教师。

◇认为他是有能力的。能增强学生信任的因素之一是教师的能力。我们信任学生更倾向于相信那些提供他们成功所需的教学与反馈的教师（Knight，2016）。那些知道他们所说的与兑现自己承诺的人。

◇活力。这体现在教师对于所教学科（内容）的热情。遗憾的是，只有38%的学生认为他们的教师让学校成为令人兴奋的学习场所。而这正是建立良好师生关系的起点。

◇即时。教师运用上一章节提到的教师期望与学生成绩互动模型去与学生建立联系的能力。

你的可信性与真实性每一天都发挥着作用，学生的反应是教师信誉的最佳晴雨表。

我们在此着重列出教师与课程内容重合的三个重要观念：

◇能力1. 通过学生视角理解教学内容的能力，并运用学科教学知识与注意去开展教学。

◇理解2. 对于学生已知背景知识的理解与新知识学习拉平的能力。

◇信念3. 相信错误在学习中扮演着重要作用，教师将错误当成一种学习资源。

教师注意

教师注意是这样一种能力：

◇关注学生思考的视角；

◇将之理解为学生学习状况的指标；

◇作出回应以促进学生的学习。

教师注意可能会受到所谓的"专家盲区"的限制。在一项广泛传播的研究中，纳珍与彼得罗西诺（Nathan & Petrosino, 2003）调查了职业早期中学数学与科学教师对于他们学生基础知识的理解。这些学科内容专家难以判断他们学生的认知水平，他们只能依靠正式的、抽象的推理去组织教学（引出概念），研究者将这一现象称作"专家盲区"（expert blind spot），它能让人们认为学习应遵循学科知识框架而非学习需求及新手的学习特点。换言之，教师先前的学科专业知识是不够的。事实上，那些教师尽管精通自己学科却忘记了学生作为新手去学习是怎样一种状态。专家型教师理解初学者的学习视角，注意到他们的误区，并能够运用具体的概念表征为学生的理解搭建理解支架。值得注意的是，"专家盲区"的研究发现，在英语语言艺术课程教师中是相似的（Crossman,1990）。

"专家盲区"会让学生产生误解，他们会错误地认为自己没有能力理解所学的内容。然而，事实上并不是学生无法理解这些材料，而是教师不充分的学科教学知识让教师不能通过学生的眼睛来看问题。另一方面，那些能够从学生角度去开展教学的教师往往运用了注意的习惯（Jacobs，Lamb & Philipp，2010）。解读学生认知（包括错误观念与不成熟的理解）的能力，以及据此针对性的教学是专家型教师的标志。一个小孩所做、所说或所写的都是有意义的，这些让别人了解他目前所知道的。那么教师的目的就是，快速判断学生已知与新知之间存在的空缺并通过问题、提示或线索来推动学生的学习（Fisher & Frey，2010），这些教学行为所产生的互动（主要是对话）就构成了形成性评价的核心。幼儿园数学老师萨曼莎·布朗斯丁（Samantha Brownstein）向她所带的实习教师乔纳斯·林肯（Jonas Lincoln）传授了注意技巧。布朗斯丁女士将下面的问题呈现给她的学生：

艾娃（Ava）想要为家人榨一杯新鲜的橙汁。她现在有6个橙子，她需要10个橙子。请问她还需要多少个橙子呢？

布朗斯丁女士对学生如何运用数学思维去解决陌生情境下的问题颇感兴趣。备课时，她向她的实习教师解释道："我很好奇他们是否会使用我们今年所学的10以后运算规则以及他们对'还'又会有怎样的理解。"

林肯对此感到很困惑："这是减法运算，不是吗？他们应当用10去减6，然后得到4的答案。"

布朗斯丁说："是的，没错。那是因为你是学科专家。学生可没有跟你一样的专门逻辑技能。在他们有限的经历里，'还'意味着'增加'。我预计绝大多数学生都会答16，因为他们很可能会将两个数字加在一起。但是这里需要代数思维。如果那样的错误发生，你会推判产生错误的理由是什么？"

林肯思考了片刻说："产生问题的原因是他们没有将'还'放在提出问题的语境里，运用10以内数字框架或许可以帮助他们视觉化地呈现问题。"

布朗斯丁点头："答对了！那正是我这堂课想要让你关注的地方。不仅仅看到他们做错了什么,更应关注他们为什么这么做。在学生理解相关概念之前,教师去教他们运算则没有任何意义。我们的教学要基于学生所表现的现有水平。"

背景知识

每位学生在来到教室之前都带着他自己的经历与知识,这些背景知识可能来自校内也可能来自校外。有效的教师寻求对学生背景知识的理解,因为他们知道这是新知学习的基础。但如果你与你的学生没有积极稳固的师生关系,就会很难去利用学生的背景知识,这仅仅是因为你与学生的联系有限。在上一章里,我们探讨了对学生生活表现出兴趣的重要性,这是收集过去经历信息的一个重要来源。学生先前学科知识的了解是进行新知学习的重要工具(资源)。教师可以使用各种工具(如调查与预期指南)去获得学生在新单元学习之前已具备相关知识的信息。

中学英语教师拉特雷尔·彼得森(Latrelle Peterson)会经常对学生进行调查以了解学生的背景知识。"我班里的学生来自七个不同的小学,因此我把握不好他们已达到了什么程度。"彼得森女士解释道:"为此,在开学初的时候,我在班级的学习管理系统作了一个调查。"她的第一次调查(见表3.1)要求学生写出那些已被改编成电影的书籍的阅读经历。"这不仅给了我与他们开展交流的话题资源(素材),而且还让他们知道这些故事源自什么地方。很多学生为这些电影故事出自书籍而感到惊讶,那我也就有了向他们推荐阅读的机会。"她说。

表 3.1 英语课堂调查

	我阅读过这本图书	我看过这个故事的电影	我没有阅读过这个故事
《雨果》			
《赐予者》			
《饥饿游戏》			
《精灵鼠小弟》			
《夏洛的网》			

续表

	我阅读过这本图书	我看过这个故事的电影	我没有阅读过这个故事
《小妇人》			
《圆梦巨人》			
《欢乐糖果屋》			
《机械公敌》			
《火星救援》			
《公主新娘》			
《奇幻森林》			
《哈利·波特》			
《偷书贼》			
《驯马高手》			
《小屁孩日记》			
《纳尼亚传奇》			

高中生物老师乔治·拉米雷斯（Jorge Ramirez）在单元学习之前使用预期指南来了解学生的相关背景知识。他的预期指南通常有5—10个与即将学习的单元内容相关的概念陈述组成。其中的一些表述是正确的，而另一些则是错误的。"我不想老是纠缠那些我所知道的但学生还没掌握的技术细节，例如一个不熟悉的科学术语的定义。但我想知道学生对于主要生物概念的理解。"拉米雷斯说。在生态学新单元的授课之前，他会给出一些表述，要求学生基于资源的可用性、群体大小及密集程度去预测某一物种的数量将会增加还是减少。"我开始明白他们是如何运用他们已有的知识去推理这些情况，"他说，"尽管这样做学生并不会获得成绩，但他们开始期待这样一种单元开始的方式。"

学习中的错误

对于学习中错误资源的日益关注是过去十年里的重要成就。以德威克（Dweck，2006）为代表人物的研究促进了我们对该领域的理解。错误是人们学习的证据，我们对错误的反应将会影响到学生的心态（固定心态或成长心态）。当学生明白了学习需要付出努力，知道在他们掌握所学内容之前会不可避免地碰到挫折，他们就具备了成长心态。固定心态会逐渐削弱他们对学习的信心，因为学生将成功归功于天赋能力而非后天努力。但是，这两个概念是一个连续体，而非非此即彼的命题。它们是情境性的，我们所有人在这两种心态之间转变。换言之，没有人会永久地处于某一种心态。然而，如果仅仅从对学习结果的关注转向对努力过程的称赞（尽管那是一个好的开始），我们并不能培养学生成长心态的习惯。

德威克警告，我们所有人都有重新回到固定心态的触发装置，比如去尝试超越了我们舒适区的新事物。因此，对能够触发小孩重返固定心态的东西要保持敏感，然后帮助学生拥有它，这将会比单纯地劝告学生要努力学习有用得多。我们对学生错误的回应将会透露我们对错误的信念。33%的学生害怕去尝试新事物，如果他们害怕失败，成长心态将帮助学生将错误当成是学习过程中的重要组成部分。

高中数学教师肯德拉·戈登（Kendra Gordon）对学生的学习启动装置（触发器）非常关注。"我发现一谈到数学，有些学生的态度就会一下子变得冷淡，"她说，"有时一提到二次方程，他们的眼睛里就透露出恐惧的神情。"戈登女士几年前开始与学生沟通以帮助他们重新找回学习数学的信心。"有时我们需要帮助学生分析他们过去的数学学习经历，"她说，"更多的时候，我们会谈论当我们碰到困难时应该怎么办。"戈登确保她所有的学生在碰到困难时都能保持继续前行的勇气。"我向他们示范我是如何受困与解困的。当我面临难题时，我提醒自己有些问题需要时间来解决，"她解释道，"我还改变了我的数学课堂教学形式，以便于我们能以小组合作的形式开展一些丰富多彩的教学活动。"

戈登女士强化了"错误是学习的必要组成部分"这一认识。"我提醒他们，我们要么失败，要么从失败中汲取教训并继续向前。如果我们放弃，我们所做的一切将前功尽弃,以失败而告终。但是如果我能反思导致失败的原因,并且能从中想出新的解决途径,那么结果就大不一样了。"数学老师每个星期都会使用一种叫作"我最喜欢的错误"的教学策略。"我将一些解答不正确但运用到了重要数学概念的难题呈现给学生。"在将学生的错误匿名呈现之后,她与学生一起来讨论这些"数学家"做得是否正确,并说明理由。"这样做能帮助学生转变对数学的观念,让他们明白我们不仅仅关注最终答案是否正确,还要关注答案背后的数学解题思维。有时我还会用我自己的错误当例子。"教师说她对学生的反应感到振奋。有时学生自豪而非羞愧地说:"瞧,那是我犯的错误。"

至此,我们已经探讨了与教师清晰施教相关的四个主要观念中的前两个,即教师知道学生应学什么内容以及了解学生如何学习。接下来,我们将注意力转向第三个概念,即告诉学生他们在学什么、为什么学以及如何评估自己的学习进程。

知道如何向学生清晰地揭示他们将要学什么

为了写这本书,我们在浏览已有研究的过程中读到了一本以大学教授为目标读者的同行评议期刊,上面有一篇关于如何让学生投入学习的文章。我们对文章中的一些表述不以为然。文章说,通过创设悬念与引发好奇的情形使得他们的课堂不可预测,进而让学生始终不知道接下来他们要做什么,这样做对学生的学习是有益的。对此,我们并不赞同。的确,课堂不应该太过于机械,充斥着死记硬背,让学生每一天都埋头苦读,毫无乐趣可言。我们的课堂里设计一些让学生惊喜的活动并没有错,但"不可预知"似乎是课堂最糟糕的描述语,这与教师的清晰施教原则完全违背。学生应始终对于他们所学的内容及他们如何学习这些内容有清晰的了解。如果他们对所学的内容一无所知,那么我们的学生就面临着成为消极而非积极学习者的风险。

确立目标

一节课能包含许多学习目标。通常,我们会将它们张贴在教室里以便学生能在整堂课的教学过程中参考。正如这一章之前所说的,目标表述包括内容目标、语言目标与社交目标。学生能迅速在上课前了解本堂课的关注点。然而,呈现目标仅仅是一堂课的开始。每堂课还应包括目标表述的讨论时间、与目标相关的任务以及活动的对话。目标表述不是议事日程，它是一种教学计划，尽管很多教师经常将议事日程与教学计划混用。事实上，议事日程并不足以传递学习意图，它需要学生自己去推测意义。另一方面，目标表述传递着学习意图，起着认知启动的功能，因为他们能提醒学生去关注他们即将要学习的内容。如果有可能，我们应当让学生了解他们所学的内容（概念）如何迁移到他们学校之外的生活。目前，只有67%的学生认为他们在学校里所学的内容将对自己的未来有益处，这一比例显然没有达到我们的预期（与我们的期待尚有距离）。值得注意的是，认知启动对学生的迁移运用有帮助（Wexter, et al, 2016）。

除了在课前确定时细致讨论外，目标表述还应当在教学过程（任务过渡）中被反复呈现。当学生在教室里匆忙地跑动或应对不同的任务时，他们往往更关注教学指令与程序逻辑，而非学习本身。四年级教师迪安娜·洛克伍德（Deanna Lockwood）在让学生进行同伴合作学习前，总会带领学生重新回到目标表述：

请记住今天你们所学的内容。本单元学习的内容是我们所在州的历史。具体来讲，内容目标是能够明确人类改变物理环境以满足他们住所、食物与安全需求的方式。语言目标是所在学习小组能够完成一个段落（至少提供三个例子）来说明"当地人与早期居民是如何通过改变来满足需求的"。社交目标则是就小组提交的三个例子达成一致意见。我要求你们将自己的结果与表述目标进行对照，问问自己是否达到了预期目标。由于这是一个20分钟左右的活动，我将使用计时器来监控你们的学习节奏。在此期间，我将坐在一旁，随时回应需要帮助的小组。

这样做，洛克伍德女士凸显了本堂课的学习意图，并将学生的注意力从被动听课与完成任务变成了元认知反思。当学生重新回到座位之后，教师再一次带领他们回返目标，这也是作为结课环节的一部分。她回顾这些目标表述，要求学生思考他们自己的学习。

"我们把它们叫作迷你笔记（Minute Notes），"她说，"我让学生将名字写在便条上并回答以下三个问题：第一个是让他们写下今天这节课所学到的新东西（内容），第二个是让他们就内容、语言或社交目标提出困惑，第三个是让他们写下任何还不理解的内容。"洛克伍德女士在教室里有一块公告板，上面有每个学生的名字及坐标方格。"学生将便条贴在公告板上跟自己名字相对应的位置，我就可以一目了然地知道他们哪些地方理解了，哪些地方还没有理解。在他们课间休息时，我会经常浏览他们的记录并将这些信息加以整合，以便我能知道哪些学生需要给予关注，这也为我第二天的备课提供了宝贵信息。"

提供反馈

　　学生对所学内容的理解并不是仅通过目标表述就可以实现的，还离不开教师的有效反馈。学生从教师那里接收到的持续性反馈是他们在学习过程中不断修正的重要依据，将引导他们适时返回之前所学的内容，并调整节奏以与他们的学习进度相匹配。对学生学习反馈的有效性达到 0.75 的效应量（Hattie，2009）。教师对学生的认知与元认知的过程以及他们所完成任务的反馈将会为他们的学习提供支架。除此之外，反馈还向学生传递这样一种积极的信号，即他们值得教师花时间与精力，教师对他们的学习潜力充满信心。请老师们相信：你对学生的乐观、尊重与高期待，向他们传递着你的个人善意！

　　学生非常看重教师给予他们的反馈。2016 年，一次由盖洛普与西北评价协会（Gallup and the Northwest Evaluation Association）组织的民意调查显示，五至十二年级中有 74％的学生表示，即时反馈对他们的学习非常有帮助。当然，反馈的实际效果也会有所差异。对学生进行及时性反馈是非常重要的，因为反馈一旦错过了时机，效果就会大打折扣。学生上交的作文过了好几个星期才得到教师的反馈，这样的反馈对学生来说几乎是毫无用处的。同时，反馈还应当是可以进行行为跟进的，即学生能根据教师的反馈进行学习改进或调整。如果在单元学习过程中，教师对学生完成的作业给出反馈之后，无需学生对作业再次改进提交的话，那么这样的反馈多半是没有用处的。因为即使教师给予了反馈，但学生却没有改进的机会与空间。因此，教师在学生写作或开展项目时提供过程性反馈的效果将更佳。事实上，将反馈放到最后那不能叫反馈，只能是评价。过去，我们常常习惯于犯相同的错误，即将我们的反馈放到学生最终的作品上。一方面，或许我们觉得让学生再次改进提交，我们将会花费更长的时间去评判这些作业；另一方面，我们所提供的反馈既不能让学生付诸行动跟进（因为作业已完成），也不能产生真正的效能（因为学生不再有机会去实践）。如今，我们在学生进行草稿的过程中使用检查表（清单）为他们提供快速反馈，将评分（不是反馈）放到学生最后的终稿上。除此之外，反馈应当是学生易于理解的。一旦当反馈超出了学生的理解水平，那就是无效的反馈。可以设想一下：那些令我们感到困惑的电脑故障信息提示"错误代码 10：运行环境错误"，那到底是什么意思呢？我们一头雾水。最后，我们的反馈还需要关注学习目标。将反馈与学习意图相关联能帮助教师为学生提供理性的反馈。总之，及时的、可行动跟进的、可理解的、与目标相关的反馈能极大地促进学生的学习（Wiggins, 2012）。

反馈在以下四个层面起作用：

◇任务。为学生的学习任务提供信息（包括询问是否正确并给出指导），如"你需要在最后一段的最后加一个过渡的句子"。

◇过程。让学生对自己的学习过程有深入了解，通过"那么读者将会明白你的文章接下来要写什么吗"？作为先前反馈的补充为学生提供任务与学习过程的反馈。

◇自我调节。关注学生使用的自我调节技能。"当你重新阅读目前所学的内容时，将它与你先前的框架进行比较，你是否把握住了要点？"这样能提醒学生评估自己运用策略去实现目标的能力。

◇学习者。关于学习者的评价总是给予表扬（例如"做得不错！"）是最无效的反馈。与此相反，关于学习过程与自我调节的评价才是最有效的（Hattie & Limperley, 2007）。

教师对学生的反馈形式绝大多数都是即时对话，这样的反馈有时会是漫无目的的行为，因为一些学生仍然在教师的掌握之中。七年级社会学教师汤姆·张（Tom Zhang）对他自己一星期的课堂反馈习惯进行了追踪。结果他发现，课上有些学生几乎没有得到教师的反馈。

"基于上述情况，我决定与学生商议。"他说。张老师解释道，他班级里的学生做了大量基于文本的问题设计，特别是简答题。"学生一起合作讨论原始文本，我在他们交流期间与个别学生进行交谈。在这样一个写作研讨会上，我重点关注的是他们的简答题。"

尽管有的教师已经开发了一些学习检查表与量规，但是学生似乎并不经常使用它们。"这学期我重点关注学生的自我调节技能，我想让他们更熟练地运用这些工具来评估自己指向目标的学习进程。"张老师将日常目标表述作为将学生所做内容与他们所学内容相联系的一种方式。"这些目标表述确实能帮助学生不偏离目标，同时也能帮助我不偏离目标，它们提醒我在提供反馈时要保持与学习目标一致。"

知道如何确立成功标准

张老师强调，对于自我调节行为的反馈要与教师清晰施教的第四个观念（即教师与学生理解成功标准）保持一致。有83%的学生表示他们想要在学校做到最好，但他们通常会说"我不确定教师要我做什么"。确实，我们也经常会在学习小组中听到学生对提升关于预期学习结果的教学清晰度的需要。作为学生，他们需要同时去面对七位对学生有着不同要求的学科老师，这确实是一个挑战。我们通常的一个说法便是，"努力争取 A 等的好成绩就像是在风中尿尿一样，放手去争取并抱有最大的希望"。

反馈是缩小现有学习表现与预期学习目标之间差距的一种努力。但当学生不清楚教学目标时，反馈的效果就会大打折扣。之所以叫成功标准是因为，学习目标是具体的、可演示的，成功标准将有助于学生根据自身情况来设定目标以及监控自己的学习进程。

学习目标的设定是提升学生学业成绩的有力手段，它具有 1.44 的效应量，能让学生的学习速度提升三倍（Hattie，2012）。"学生心声调查"的数据显示，85%的在校高中生表示"获得好成绩对于我很重要"，这一点让人感到振奋。但是，单纯的成绩是糟糕的成功标准。事实上，他们能与学习目标设定进行关联。"我的数学想获得 A 等"与"我想熟练掌握多项式因子分解，因为化学学科需要这项技能"是不一样的学习目标。第一个是绩效目标，它具有局限性，因为它的聚焦点在于向别人展示能力（结果）而非学习（过程）。最糟糕的情形是，仅关注绩效目标会导致作弊频发（Midgley，Kaplan ＆ Middleton，2001）。第二个是掌握目标。学生关注的是某项技能或知识的学习。再举一个例子，"通过一门世界语言课程"与"真正学会如何去说一门新的语言"也是不同的。学校的绩效目标以分数作为前置条件，但关注分数的同时最好再增加一个凸显学习的掌握目标。

掌握目标不能高高在上，不可企及。例如，"学生能够解释刺激与稀缺在市场经济中的作用"这一掌握目标对于一名三年级的学生而言，显然是不切实际的，因此这对于学生的学习也不会有太大帮助。然而，"学生能够解释故事《艰难时期的存钱罐》中的'稀缺'概念"这一掌握目标则相对更容易达到。教师教小孩时总会依赖"我能够"这样的表述来使得掌握目标更加具体。因此，"我能够解释稀缺是如何影响爱玛（Emma）的决定"是一个学生友好型的成功标准版本。

教师通常借助以下三种途径与学生分享成功标准：

◇样本；

◇示范；

◇协商。

八年级科学教师杰里米·霍普金森（Jeremy Hopkinson）借助自己前些年从学生那里收集来的写作"样本"向学生解释学术实验报告应当如何去构思。"我尽量向学生展示不同水平的写作样本，以让学生明白好的实验报告与不好的实验报告在结构上有什么差别，"他说。他同年级的同事莫妮克·奥博尼奥（Monique Obonyo）则采用了州教育局（厅）为学生指定的学术写作样本（框架）。

第二种方法是向学生"示范与演示"。"你作为教师是如何在写作过程中作出决策的"，幼儿园教师琳达·贾米森（Linda Jamison）运用样本在她的商业语言艺术项目中向学生展示语言写作发展的过程，以帮助学生构建写作发展连续体。值得一提的是，她是以学生现有的语言运用水平来进行展示的。"在交谈会上我查看写作墙上学生的作品并与他们开展交流，"她说，"在我的帮助下，孩子们将自己置身于写作连续体，一起谈论他们的下一个目标。刚才我注意到很多学生正在关注单词间的空隙。"

第三种方法是"协商"。当你想要与学生合作共同开发成功标准时，这对学生将是很有用的。九年级教师沃尔特·康纳利（Walt Connelly）的科学课上学生为设计自动喂狗器制定成功标准。康纳利先生与全班学生一起合作制定该项目的成功指标：喂量与时间的一致性、易于狗狗操作、保鲜的储藏系统、足够坚固且适于狗狗进行身体接触。材料造价成本不超过 25 美元。"这为他们制作理想的自动喂狗器提出了明确的质量要求而非纯粹意义上的想象。其中唯一一项我能够明确的就是预算，因为我要将这笔费用分摊给他们。"教师解释道，"但是我们在项目目开始时花上 30 分钟左右去制定成功标准是很有意义的，因为这能帮助他们去启动这个项目。"

学习量规与核查表

我们在前面提到的成功标准的例子可分为两类：量规与核查表。当学生评估他们指向目标的学习进程时,这些成功标准都是可以供学生具体参考的。学习量规可以是整体性的,也可以是分析性的。它们可以是具体的任务,也可以是笼统的。整体的写作量规将提供分数量表,通常分为四个水平层次,每一种水平均进行总体质量描述。整体性量规更多地适用于大规模评估,但是它们的缺点是不向学生提供具体的反馈信息。整体性量规很难被用于评估目的,特别是当学生的作文体裁特征超出某一体裁范畴。

表 3.2　整体性量规示例（议论文写作整体性量规）

水平 4 优秀	文章的论点明确,有多个支撑论点的细节。每个论点逻辑性好,且与总论点一致。没有语言拼写与语法错误,不影响意义表达。
水平 3 良好	文章有论点,至少有一个支撑论点的细节。论证有逻辑性,但缺乏过渡成分与帮助读者理解的例子。没有影响意义表达的语言拼写与语法错误。
水平 2 一般	写作目的不够清晰,有待读者推断。每个论点至少有一个支撑论据。信息呈现具有一定的逻辑性,但缺少过渡与举例。有一些影响意义与清晰的语言拼写与语法错误。
水平 1 有待改进	写作目的不清晰,论点逻辑混乱。部分论点没有支撑性细节。语言拼写与语法错误严重影响了意义表达与清晰性。

绝大多数课堂学习量规都是分析性的,它们有助于学生深入了解具体的标准。这些量规对反馈很有帮助,特别是形成性评估量规,因为它们为师生讨论达成预期结果的组成要素以及后续的改进措施提供了方法。表 3.3 提供了一个分析性量规（公民表现评价量规）示例。公民表现评价量规在本书作者所在的三个学校里被广泛使用,这份量规为师生,有时甚至是家长提供了一份对优秀学生社交行为的相应标准。我们鼓励学生经常使用量规（学业目的或非学业目的）去对指向目标的学习进程进行自我评估。例如,一份写作量规对于学生而言往往呈现出更多的意义,当她按量规去给自己进行打分并将之附在自己的作文之后,这将有助于教师理解学生对自己现状以及进步的看法,进而让学生的学习水平与教师期望保持一致。

表 3.3 公民表现评价量规

（注：学生不必达到以下所有标准，达到一些标准即可得分）

	优秀	良好	需改进	不合格
友好	对反馈积极回应并采取行动 在社区展示和示范领导水平（如言语或非言语交流很受欢迎；鼓励他人成为受欢迎的人；指导他人创建友好的环境） 积极与成人寻求互动	对反馈积极回应并经常采取行动 向他人展示友好的态度（言语或非言语） 经常与成人互动，有时会主动接触	对于反馈的回应与所采取的行动不一致 有时展示友好态度（如言语和/或非言语交流，有时不够友好） 被动与成人积极互动，很少主动接触	经常与反馈斗争和/或不能根据反馈采取行动 让别人感到不受欢迎 当别人提出请求时，拒绝帮助他人 分裂他人和/或破坏学习氛围 避免与成人接触
善意	对他人和学习氛围表现出关心；示范改进现状的领导水平 积极同步参与、有时领导修复过程（讨论圈、会议等） 所作出的贡献具有洞察力且能推进讨论 寻求成人帮助和采取干预措施阻止破坏 课上将自己的作品向全班展示并在学习社区鼓励学业诚	对他人和学习氛围表示关心，跟随他人改进现状的领导 乐意同步参与为修复进程（讨论圈、会议等）贡献有意义的观点 将自己的作品向全班展示并为道德的学习氛围作出贡献（如不允许他人抄袭自己的作业） 遵守教师对个人电子设备使用的规定	经常对他人和学习氛围表示关心 参与修复进程（讨论圈、会议等） 课上将自己的作品向全班展示并为道德的学习氛围偶尔贡献自己的力量（如不允许他人抄袭自己的作业） 关于个人电子设备的使用，有时需要提醒或指导	对他人和/或学习氛围反复作出身体上、语言上或情感上的破坏 严重分裂社区导致伤害（修复那些导致公民身份改变的造成的危害） 不愿参与修复进程（讨论圈、会议等） 课上递交剽窃或抄袭的作业 反复使用个人电子设备，无视教师提醒与指导

续表

	优秀	良好	需改进	不合格
	信（如不允许他人抄袭自己的作业，建议他人遵守学术伦理道德） 遵守个人电子产品使用规定、预见他们使用的最佳时间与方式			
用语	通过模仿积极的与恰当的语言来影响他人 总是在教室内外友善地与同伴进行交流 在课堂讨论时运用学术语言表达自己的观点	经常模仿积极正向的与恰当的语言 经常在课堂内外友善地与同伴进行交流 在课堂讨论时努力运用学术语言表达观点	对得体、友好的语言表现出一定的理解并努力去使用 有时使用贬低自己或他人的或诋毁学校的语言，但知道这样做的影响与后果	频繁使用贬低自己或他人的语言 经常使用不得体的语言（不适合用于学校或学习环境的语言） 不顾成人引导，不注意或拒绝关注不当的语言造成的影响与后果
好学	出席率达到95%或更多 通过认真的学习准备树立学习榜样（如完成作业，预测话题，带有助于课堂讨论的课外资料） 整堂课全神贯注并能做出减少课堂走神时间的调整	出席率达95%或以上 准时上课，作好充分学习准备（如完成作业，准备材料，完成用于课堂讨论的课外阅读） 整堂课较专心并经常能做出减少课堂走神时间的调整	出席率达95%或以上 经常能做到准时上课，并做好学习准备（如完成作业、准备材料、完成用于课堂讨论的课外阅读） 尽管有时走神时间有点长且需要教师	出席率低于95% 经常不能完成作业，不能做好学习准备 经常出现旷课现象，对他/她个体或所在团体（小组）的学习造成消极影响 态度和/或贡献对团队与学习氛围没有达到预期效果

续表

	优秀	良好	需改进	不合格
	作为小组成员对团体起建设性作用，经常充当引领角色，促进与支持他人的领导 能对讨论做出贡献，并通过提出问题和联系其他学科来推进自己与他人的学习 独立寻求资源或学业帮助以让自己继续学下去（额外材料，学业辅导，行为干预，学习时间，作业完成等）	对团队发挥建设性作用，有时担任领导角色，但更多的时候是作为团队成员 经常对课堂讨论作出贡献，有时提出问题或联系其他学科促进自己与他人的学习 在较少教师提示下寻求资源或学业帮助以让自己继续学下去（同前）	反复提醒，但整堂课总体基本上能做到专心听讲 作为团队成员对团队发挥建设性作用 经常对课堂讨论贡献与话题相关的信息 需要教师提示或鼓励去寻求资源或学业帮助以让自己继续学下去（无作业完成，同前）	对于课堂讨论常常心不在焉，很少参与；经常提供一些与话题无关的信息 回避接受挑战，当需要帮助时经常要被提醒去获得帮助，很容易放弃，不能为他人提供帮助 需要不断地重复指令和/或注意，常常需要被提醒去放好与课堂无关的材料，并回到学习状态

核查表为学生提供更为简单的模板，尽量做到涵盖学习项目或任务的所有要素。核查表指向任务的具体性，正如康纳利先生与他的班级学生一起制作的自动喂狗器。因为这是一个 Yes/No 模板，尽管当某些要求未达标时也会提醒学习者，但对于项目质量的反馈并不直观。同样的，这些核查表需要先由学生使用，帮助他们养成自我调节的习惯（如检查作品与对照标准）。

形成性评估

目标表述、反馈与成功标准都是形成性评价体系中的重要内容。尽管有时形成性评价被狭隘地理解为每年两到三次的阶段测试，但事实上形成性评价的频率要更高一些，通常每天都在发生。日常目标表述、课堂结束时的小测试，或者其他课后反思（如洛克伍德女士用来承接她每堂课的"迷你笔记"）会为教师接下来的备课提供参考信息。形成性评价（口头或书面）帮助学生在课堂上朝着成功不断努力，用以核实理解的方法包括关注学生的认知与通过问题、提示和线索，这是专家型教师的标志（Jacobs et al, 2010）。持续的形成性评价对教师的清晰施教至为关键。学生的回应、见解或行为应当被视为对教师教学的反馈。很难设想，倘若一个教师不仔细观察他的学生是如何作出回应的，他怎能恰当地对教学节奏、教学内容与单元进度作出调整。形成性评价的实践与学科教学知识的提升具有互惠关系（Falk, 2012）。换言之，教师在理解和使用形成性评价与学科教学知识的过程中能够同步提升两者的水平。

值得注意的是，这些信息随后将被用来指导教师接下来的学习目标制定。这是一个永不停止的循环，教师明确学生知识与表现之间的差距，建立学习目标，设计课时与任务，监控成功，提供反馈，然后基于学习结果采取教学行动。遗憾的是，这个循环体系中的差距在很多课堂结束时依然存在。当教师在清晰施教上存在问题，那么学生就有得受了。

小结

教师与课程内容的重合也是促成学生投入的一块重要的内容。正如前一章所提到的，师生关系对学生的学习至为关键。在本章，我们重点聚焦了教师清晰施教的价值。这对学生学习也很重要。但是，清晰施教的四个方面，并不总是同步的。有些课堂，教师可能是由于对学生的优势不太了解或者没有吃透课程标准而不知道学生需要学什么。有些课堂，教师则需要关注学生如何学习的证据。还有一些课堂，教师需要清楚地告知学生学习目标，以便他们承担起学习的责任。最后，还有一些课堂，对于师生而言，成功的标准不够清晰，导致他们的学习缺乏明确的目的性。清晰施教的四个方面易于实施，应当引起教师的关注。在接下来一章，我们将关注第三个容易实现的目标：任务挑战。正如我们先前所述，师生关系、清晰施教、任务挑战将会让师生更投入，学生的学习也将更投入。

第四章 任务挑战

克里斯汀·威廉姆斯（Kristin Williams）班上的学生正在专心地讨论用奴隶主名字为建筑（特别是学校）命名。全班学生已经阅读了大量关于改变建筑名称的正反方文章。在一些文章里，作者认为改名将传递这些人所犯暴行的信息。另一些人则认为那些历史人物生活在不同的历史时期，他们一生中所做的事让他们得以在历史上占有一席之地。正如威廉姆斯女士所说，"这个问题没有正确的答案。我们不是在争论着去做决定。我们努力去理解不同人的视角，然后形成基于我们个人信念的决定。考虑到我们已经阅读与谈论了许多观点的文章，今天我们将有机会参与苏格拉底式问题研讨法来交流彼此的想法"。

这是一种基于阅读文本的正式讨论。首先，主持人提出开放性问题。讨论时，学生认真倾听他人的评论，并进行批判性思考，然后清晰地表达他们自己的想法并对他人的想法作出回应。他们学着去与他人展开合作并有礼貌地提出质疑（Israel,2002,p89）。

苏格拉底式问题研讨会为学生提供了提问探究、澄清理解、释义、补充与综合不同观点的机会。研讨会由主持人（可以是教师或学生）提出关键性问题开始，讨论时学生不举手打断，他们练习积极的倾听技巧（如点头、目光接触、身体前倾、提供反馈、认真倾听他人）。对话的关键是当学生提供证据或事例支撑他们的回应时，应持续关注阅读文本。威廉姆斯女士将科技话题引入了苏格拉底式问题研讨会。"我们总是习惯于关注积极参与研讨的内圈学生与记笔记的外围观察者。我增加了一个秘密通道（backchannel）以便外围学生能够及时地看到彼此的思考。"在这个案例中，威廉姆斯女士的秘密通道是学习管理系统中的讨论版。在苏格拉底式问题研讨会结束时，学生阅读彼此的虚拟评论，个性化地概括讨论的内容，获取他们对于文本新的理解。概括阶段的常见提示包括以下几点：

◇基于研讨会，文本最重要的要点是什么？
◇我对文本的理解是如何变化的？
◇哪些概念我在研讨会前不理解，现在能理解了？
◇我从文本和研讨会获得的主要大意是⋯⋯
◇对我而言，哪些方面的问题还没有得到解决？哪些内容我尚不清晰？

在以奴隶主名字命名建筑的讨论中，马洛（Marlo）评论道："哈佛校长曾说，这些人与名字头衔背后的文化应当放在当时的历史语境中去理解。"我开始同意这一观点，因为如果我们改变了所有的名字，那么或许就没有人能够了解这些人以及他们所做的好事与所犯的罪行（Duehren & Thompson,2016）。

安东尼（Authony）回应："这个很难说！我对刚才想的不是很确定了。研讨会开始时，我想要改变所有的名字。现在我不确定了。谁有足够充分的改名理由呢？"

是的，这很难，应当是这样。当学生与课堂内容进行互动时，应当是具有挑战性的。如果学校里教师要求他们做的事他们都已经知道如何去做的话，那么我们就是在浪费他们的时间。挑战的适切性是投入为先设计过程的关键所在。挑战性的内容与任务能促进学生思考并帮助他们理解自己学习的增长量。正如第一章中所提到的，挑战对学生的学习具有强有力的影响，但是我们必须学会迎接困难。

走心不易

在过去几年里，我们无数次地听教师说，他们不想让学生感到无助。有的老师说："如果我的学生学习起来感到很吃力，那么说明我教得不够好。"也有的教师说："看到学生学习得很吃力，我就感到不舒服。我会不由自主地为他们提供学习支架以减轻他们学习的难度。"第三位教师说："我真的不喜欢'吃力'这个词，我想让他们觉得阅读是件容易的事。"尽管学校都以"严格"著称，但"反困难心态"却在不少学校存在。作为教育者，我们必须要增加学生在校经历的挑战。有时，学生往往很难接受这一做法，因为他们一直认为自己是 A 等生，这一点对于看到自己的孩子为学业而挣扎时想知道哪里出了问题的父母而言，也是如此。这也是为什么作为理解学习如何发生的成年人对课堂上的学习挑战有所保留的原因。为此，我们将提供"将困难（挑战）作为学习过程的一部分"这一观点的理论基础，然后将注意力转向保证适切挑战水平的学习任务类型。

或许对困难（挑战）最有力的理论支撑是维果茨基（Vygotsky, 1978）的最近发展区。他指出，学生能独立完成的与在专业人士面前完成的任务难度之间存在差异。我们在学生所做与不能做之间并不是无能为力，因为在这两者之间存在一块区域，即学习者在外界帮助下能做的。更重要的是，当学生接受了他人的帮助，他们能独立完成更复杂的任务。如果我们仅仅是为学生提供一些他们能自己阅读与完成的文本与任务，那么就不需要教师了，这样也限制了学生进一步学习的可能性。

卡普尔（Kapur, 2008）对于"有效失败"的研究也为挑战提供了依据。"有效失败"研究表明，当学生在学习新知识（信息）时，学生体验的学习困难甚至失败越多，他们就越能够在今后回忆与运用所学的内容。正如卡普尔（Kapur, 2014）所说："从错误与失败中学习是非常有效的，值得我们关注。每个人都会犯错。但是，如果错误是一种有利的学习机制，那我们为什么要等它发生呢？我们为什么不可以设计它、理解它是怎么运作、何时运作的呢？要是在学生学习新概念或技能时设计错误会不会让学习更加有效。"

根据这些理论，学生至少应该经常接受挑战，甚至说他们可以学着在学习中挣扎。况且，有43％的学生告诉我们：他们喜欢挑战性任务。81％的学生表示，任务挑战可以让他们取得更优异的学业表现。我们相信这些数字还将上升。要实现这一目标，教师必须平衡好他们所布置作业的难度与复杂度。我们将作业量所需要的时间或学习者需要付出的努力当作"难度"，将作业的思维类型、解题步骤的数量或任务所需的必备背景知识叫作"复杂度"。如果我们将难度与复杂度这两个概念标在不同的轴上，就构成了四个象限（见图4.1）。

```
                复杂
                 │
     策略思维    │    努力
                 │
   容易 ────────┼──────── 困难
                 │
      娴熟      │    毅力
                 │
                简单
```

图 4.1　难度与复杂度

在左下象限，学习任务的难度与复杂度都低，我们将它叫做"娴熟"，我们不单指学生阅读的速度，同时也包括被完成任务的步骤与概念的流利程度。稍后我们会详细对它进行描述，这是学生培养自动化的方式。自动化是我们所有努力的目标。通过长期的练习，学生可以达到自动化。一旦达到自动化，学生就不必使用他们的工作记忆去完成任务。这样我们就可以将精力放在关注问题解决与反思。以阅读理解为例，学生经常需要综合所读到的信息。但他们往往不明白这是什么意思。这时，教师就要给他们提供示范。然后，再让学生进行练习，开始的时候可能很费力。但当学生不断练习，能够通过自己有意识的努力对信息进行综合时，综合就会成为他们阅读的一个习惯。最终，综合就会自动化。当文章内容复杂难懂时，他们就会自动运用这一习惯。如此一来，综合就成了学生所有流利品质中的一部分。

在右下象限，难度上升但复杂度仍较低。我们把它称为"毅力"象限。落在这一象限的任务需要坚持、决心和毅力。要完成这些类型的任务，学生必须要做到专注与坚持。有人指出这一象限的任务太过于"低层次"，但当谈及他们的学生碰到困难时有没有克服"放弃"心态的能力时，他们就会意识到这是一个对很多学生具有挑战性的重要领域。毅力是学习品质的一个重要方面，也是先前我们探讨的指向心智模式的重要指标（Dweck, 2006）。当学生经历挫折或失败，不能整合资源继续学习下去时，具有固定心态的学生就会放弃。想要培养成长心态，学生必须体验需要毅力的挑战性任务，他们需要从受到尊重的成人那里获得鼓励，明白他们接受挑战所付出的努力是值得的、有价值的。

落在水平线（由易到难）的任务经常可以独立或合作完成。教师与父母可以为孩子创设任务、作业与活动让他们去完成，以培养他们的娴熟程度与毅力。例如，孩子的常见词识别是一项流利度提升活动。我们的朋友家里有个想要学阅读的学龄前儿童，她的小孩总是问我们那位朋友纸上的字是什么意思。为了帮助他，她在索引卡上列出了 100 多个常见词。当她辨认时，他开始拿走自己认识的卡片，她则保留那些他还不知道意思的卡片。在接下来的几个月里，他掌握了所有的卡片之后，却仍然喜欢玩这个识字游戏，以展示他赢得所有卡片。我们的朋友继续添加新词卡片作为他的阅读技能学习过程。

大量的独立阅读是一种能为学生提供毅力练习的任务。在幼儿园阶段，安静的持续默读并不安静，也很少持续。相反，学生谈论他们阅读的书籍，并向自己的同伴问问题。随着学生毅力水平的提升，学生独立阅读的时间会变得越来越长。

正如艾维与布罗德斯（Ivey & Broaddus, 2001）所述，学生真的喜欢有时间去阅读。但是这需要教师或家长为学生提供有价值的材料，鼓励他们去长时间阅读并创设重视阅读的氛围。

以上两个关于娴熟与毅力的例子来自识字（读写）领域，但对每个学科都有借鉴意义。例如，学生学习数学事实或者元素周期表，学生分析历史文献时如何确定来源。我们这里的意思是，在由易到难的水平线下（左侧）的任务能独立完成，然而水平线下（右侧）的任务经常需要与他人合作来完成。

左上象限（的任务）复杂度上升但难度不变，需要学生的策略思维。他们必须慢下来专注学习任务，因为尽管这些任务难度不大，但复杂程度较高。例如，当学生阅读社会学（科学）领域的一个密集度很高的信息类文本时，他们意识到作者提供了大量的信息，他们需要作些笔记。这就是策略思维。相似地，当教师布置了一项多步骤拓展项目时，学生应学会问自己的方法是否正确，努力是否能达到成功标准，是否能扣住最后期限，小组中的每一位成员是否有机会表达自己的想法。这些都是策略思维。

我们将右上角的象限叫作"努力"象限。这一象限的任务既兼具高复杂度与高难度，完成这些任务不但耗费时间而且需要进行深入思考。例如，当学生在科学课上阅读多个文档资料，然后将他们阅读的文献成果呈现出来，这需要他们像专家那样去思考。同时，这些任务要求学生熟练掌握基本技能与运用科学知识的能力。学生需要以一种特殊的方式运用自己的知识与技能去解决这一象限内的复杂问题。比如，丰富的数学任务通常落在这一象限，这些任务通常具有多种解决问题的方法，需要不断试错，具有潜在的类型识别、归纳、概况化等思维活动。它们不容易被解决，但却是有趣的。在学生看来，这些任务值得他们花时间。

在接下来的章节里，我们将更详细地探究这四个象限：

◇娴熟；

◇毅力；

◇策略思维；

◇形成专长的努力。

在追求"挑战"（易实现的目标）之前，有必要再次重申我们的目标是娴熟、习惯养成或自动化。换言之，布置给学生的作业应当最终成为学生或学生日常行为的一部分。例如，阅读时停下来预测或估计答案应当成为一种自动化习惯。一旦学生形成了这一习惯，我们就可以说学生具备了迁移学习的能力。学习的迁移是我们教师的共同目标。正如威金斯与麦克泰（Wiggins & McTighe，2011）所指出的，迁移的能力无疑是所有教育的长期目标，当你能够独立将所学内容运用到新情景时，你才算真正理解（p.14）。

娴熟

专家的标志是行为表现的稳定性、速度与准确性。高水平地完成复杂任务需要许多技能。设想一下，奥运赛跑运动员的步伐机制或那些能准确识别由病人的不安所引起的疑难杂症的医学诊断专家。在这两个案例中，他们依靠自己快速准确地执行任务的能力。熟练的技能是发展专门技能的一个重要因素。

在教学中，娴熟主要是指具体技能（特别是阅读写作与数学）的识别。在阅读中，下意识地识别字母与单词（即自动化）是达成流利阅读的关键（Laiserge & Samuels，1974）。与之密切相关的是阅读流畅性，它描述了朗读与默读的速度、准确性与韵律感（节奏感），有助于阅读理解（Samuels，1979）。写作娴熟包括快速准确地书写字母、拼写单词，将观点有逻辑地组建成句子与段落的能力（Berninger & Swanson，1994）。数学流畅性与计算公式的熟练掌握密切相关（Gague，1967）。离散技能的表现不应与阅读写作和数学知识混淆。然而，离散技能的不娴熟表现是高层次水平学习的障碍。

一般来说，娴熟不应被狭隘地视作那些教孩子的人才会感兴趣的东西。事实上，我们的一生中都在为实现更娴熟的水平而努力。熟练的阅读者能够在阅读复杂度较高文章时保持理解，写作者能够为了满足读者需求调整写作目的、目标读者与体裁。熟练的数学家善于利用各种问题解决程序与严密推理去完成各项复杂任务。同样的，随着时间流逝，其他学科的事实性与程序性知识流利程度不断提升，但并不涉及策略思维。不管是教低龄学生离散技能，还是教高年级学生如何快速激活事实、概念或程序知识。以下三种培养娴熟的工具非常好用：

◇分散练习；
◇重复阅读；
◇记忆术。

分散练习

我们在学习生涯中都有过为了第二天考试而去熬夜突击的经历。除了把自己搞得苦不堪言外，我们也明白了这样做并不是一个有效的学习策略。大量练习，也就是说，在短时间内增加复习次数，对于大多数认知任务是没有多大用处的。分散练习，将复习定期分散到较长的一段时间内，效果更佳。事实上，分散练习具有 0.71 的效应量（Hattie，2009），是学生学习的有效方法。这对我们教学生学习技能具有启发意义。如定期复习与总结笔记，反复阅读教材难点，与其他人讨论所学内容，通过提问来核实理解。不可否认，即使是成年人，对这一做法也可能会有些抵触。为此，我们需要向学生展示我们是如何将这一原则运用到自己的教学中去的。

例如，法语教师迈克尔·格雷顿（Michael Graydon）提醒学生关注他是如何教授（引出）与巩固每个单元的新词汇项目的。"我让他们每周三次（每次 10 分钟）与同伴一起复习新词汇，"他解释道，"但是在第一个单元学习期间，我让他们在课堂 30 分钟会议上学习了额外的词汇。在接下来的一周里，他们参加了这两套词汇的测试。当测试结果出来，他们注意到，与他们一次学习 30 分钟的词汇相比，他们在那些学过三次（每次 10 分钟）的词汇上表现更佳。"格雷顿先生解释道："这次经历让他们大开眼界，原来学习不止是投入的时间，更重要的是，你怎样将时间进行合理分配。"

一年级教师奥德拉·瓦伦廷（Audra Valentine）将分散练习这一原则融入了她每天早晨使用的数学教学常规日历。"这是我们每天学习圈开始的一部分，"她说，"每天我会带领全班复习日期，然后全班计算出他们在校的天数。这样做是为了训练他们的数感、跳数与心算能力。我们有很多儿歌训练学生数数的方式（如 2 秒一数、3 秒一数），我们还用古氏积木与立方体积木（来帮助学生认识数字）。每天我们都会组织全班做一些心算来解决难题。"瓦伦廷女士说："今天我有 10 个桔子，打算在点心时间与 20 位学生分享，那么我们需要弄明白怎么去处理这个问题。"这通常需要花 10 分钟时间，但这为她的学生提供定期训练数感与数学概念的机会。

重复阅读

反复阅读文章能促进读者对文章的理解，同时也能提升他们的理解准确性与阅读速度。作为教师，你一定经历过类似的现象。当你正在教学时，科研管理部门的实习生突然走进教室向你传递一张要求读给学生听的字条。如果你事先不在心里默读一遍的话，你很可能会被一些词难住，你不恰当的朗读很可能会影响到字条信息的有效传达。在大声朗读前花一点时间去默读一下是很有帮助的。这就是为什么没有准备的阅读不奏效的原因。所谓的"随机点名阅读"（popcorn）与"循环阅读"（round robin），学生轮流大声向全班朗读课文不仅对听众而言是种折磨，而且会干扰到读者与听众的理解。

反复阅读能加深理解，并能提升阅读流畅性（Samuels，1979）。不是所有的文章都需要反复阅读，但那些较难理解的文章就应当多读几遍。我们经常看到反复阅读被降格为单一技能教学，它的教学目的仅仅是为了提升学生口头朗读的流利性。

为了获取内容信息与培养朗读习惯，我们建议要多为学生创设定期反复阅读的机会。幼儿园教师奥菲利亚·马德拉（Ofelia Madera）向学生示范了互动式大声朗读中如何培养反复阅读的习惯。她会在故事的重要段落之后暂停一下，跟学生说："这一段我想再读一遍，这里面发生了太多事，我想确保自己看懂了这些内容。"三年级教师特雷弗·肯德里克（Trevor Kendrick）组织学生定期开展同伴阅读以帮助他们在学习知识的同时提升阅读流畅性。同伴阅读要求两名学生拿着相同的阅读材料，彼此反复读给同伴听。程度好的学生先读，另一名学生在心里默默地跟着。然后，角色互换，第二名学生再来大声朗读相同的内容。"我不明确地告知哪一名学生是好生。相反，我只用学生 A 与学生 B 来区分。"他解释道。更为重要的是，她在开展同伴阅读时善于同知识积累结合起来。"我不会让学生随意去阅读，他们所读的材料都是我事先精心挑选过的。我总是会去选择那些兼具积累学生所学话题背景知识功效的阅读材料。刚才我们正在学习社会学科中'我们本地区的美洲印第安人'这一内容，所以我们本周的同伴阅读内容就是'基卡坡部落'。"

记忆术

谁能快速说出北美五大湖的名字叫什么？如果你借助首字母策略 HOMES 来提取，那么很快就能答出：休伦湖（Huron）、安大略湖（Ontario）、密歇根湖（Michigan）、伊利湖（Erie）与苏必利尔湖（Superior）。这时你就运用了所谓的记忆术。事实性知识总是成群结队，如果运用记忆术（回忆相关信息的一种记忆技巧），这些相关联系的事实就更容易被回忆出来。根据你所教的学科，你可能已经向你的学生介绍过类似的记忆术。如用 Roy G. Biv 来记忆可见光的颜色与顺序（红、橙、黄、绿、蓝、青、紫）。又如，用 FANBOYS 来记忆英语中的并列连词（for，and，nor，but，or，yet，so）。

记忆术的目的是帮助信息的储存与提取。尽管记忆术不能替代深度知识，但它作为一种构建图示的方式却是很有用的，能够将一系列事实或概念联系起来。

记忆术有很多形式，例如，有些是音乐的，我们中的绝大多数人通过记忆歌曲来记忆字母表与美国的 50 个州，没有这些歌曲，任何小学课堂可能都无法教会学生这些内容。另外，还有一种记忆术是表达性的，例如，"两个元音一起走，第一个发长音（字母音）"或"拼写单词时 i 在 e 前，除非之前出现了 c（这时相反，即 i 在 e 后）"。即便是今天，当想弄清楚现在这个月有几天时，我们中的绝大多数人仍然会去默唱童歌《三十天是九月》。

当学生不断进步，他们的记忆能力也会得到训练。弗拉耶（Frayer）词汇卡运用图像记忆法帮助学生记忆新词汇（Frayer, Frederick & Hansmeier, 1969），图像中的这些意象最好由学生自己来创作，以使词汇与图像呈现更多的意义。图 4.2 是学生制作的关于语词"noxious"的词汇卡。左上象限写上目标词汇，右上象限包含学生自己对该词汇的定义（不是照抄教师给出的定义）。在这个案例中，学生写了"poisonous or harmful（有毒的，有害的）"。顺时针转动，右下象限也是学生自己想出来的内容，用词汇或短语写出该词汇的相反意义，这里就是 harmless（无害的）。最后，左下象限是学生想出来的视觉化表征词汇意义的图像。

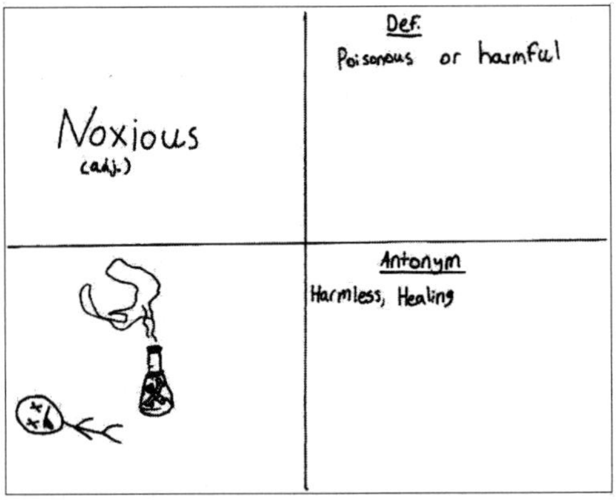

图 4.2 学生制作的词汇卡

最后一种记忆术是视觉模型，它运用我们熟悉的形状表征来组织相关信息。

其他信息组织图也有类似功能。六年级科学老师阿米娜·沙巴（Aminah Sabah）讲授水循环时，运用循环信息组织图向学生展示水是如何从陆地到天空实现再循环的。七年级英语老师黎安·哈灵顿（Leann Harrington）用相似的信息组织图教学生文学中的英雄人物。在这两个案例中，教师利用视觉化组织信息的方式促进学生对词汇与概念的记忆与初步理解。尽管教师还需要组织更多的教学活动，但视觉模型将会帮助学习者将概念联系在一起构建更复杂的图示。

练习

你或许已注意到，实现娴熟的必由之路就是练习。练习并不能促成完美，但它能让所学内容记忆得更长久。这正是我们在娴熟象限的任务目标，即确保学生养成独立迁移运用的习惯，甚至是延伸到课外。练习奏效的依据是脑科学的研究成果。通过使用，神经通道被建立、强化与巩固。使用得越多，这些通道运行就越来越高效。

随着不断地练习，所学内容的记忆就会变得长久，也更容易实现迁移。我们之所以将娴熟活动纳入本章的挑战有以下几个原因：一让学生投入到他们需要进行的练习是一种挑战。二没有充分的练习与自动化的迁移，学习效率总会大打折扣，因为学生必须刻意去思考下一步他们应做什么或他们需要什么信息。三那些娴熟象限内布置的任务对于绝大多数学生而言是个挑战，因为他们并不习惯去完成这种类型的活动。更重要的是，这些并不是学生应完成的唯一活动。如果学生仅仅是做这些流利度提升的任务，那么他们的教育经历将非常局限。但如果没有这类活动的话，学生就很难完成课程规定的学习任务，因为他们将无法养成好的学习习惯。换言之，学生运用他们目前在每个象限中已有的习惯去完成任务，当他们完全掌握了其他象限的任务时，他们就形成了新的习惯。

毅力

忍耐力、坚持、持久力……我们社会上有很多关于毅力的表述，特别是当谈及运动员的努力时。这些表述都很重要，因为很多运动员在他们完成任务之前想要放弃，但他们用这些精神坚持到了最后。他们竭尽全力坚持到最后将比赛完成。当马拉松运动员跑到离终点只有 1.2 英里时，他们绝不能想象自己已经跑完 25 英里。但是，这种情况却发生在很多学生身上。17％的学生承认，当面对学业困难时，他们会选择放弃。他们认为自己不能完成任务，于是就不想坚持，选择退出。总之，在困难面前，他们毅力不够。

为此，教师需要设计培养学生毅力的任务。以马拉松训练为例，没有一个教练一开始就要求一个整天坐在沙发上懒得动的人去跑完26.2英里。相反，他会制订完成此项任务需要耐力的培养计划。随着耐力增加，他也会预测挑战、监控意外与承担责任，这同样发生在我们的课堂上。教师理解学生在学习学科内容时的常见误区与可能犯的错误，然后警告他们注意这些情境。他们同时也监控学生的进步并提供反馈。学习就像是形成运动的高超技能——耐力是关键。研究毅力的研究者指出，教师帮助学生培养毅力的途径有以下几个方面（如 Duckworth, 2016；Tough, 2012）：

◇帮助学生理解并学会成长心态

我们在这本书里已经对成长心态有过探讨，但教师需要将这种心态教给学生，以便他们能监控他们自己的触发器（外部刺激）。同时，教师需要将学生的努力视作学习的重要内容。

◇逼迫自己，但知道何时应该停止

目标必须清晰。当他们想退出时，他们需要其他人提供必要的支持以鼓励他们继续前行。当学生犯错或受困时，教师应避免直接告诉学生答案，而是提供解答问题的提示或线索。更重要的是，学生会为了跟他们有良好关系的教师而去坚持更长的时间。事实上，他们为了不让关心自己的老师失望，会继续选择坚持下去，而在这个坚持的过程中他们往往可以学到更多的东西。

◇向学生示范如何坚持

对很多学生而言，他们需要教师示范如何去坚持。事实上，很多学生认为学习对于教师而言是一件轻松的事情，也有一些学生认为教师已经知道了一切。年轻人需要看看成年人在生活中是如何坚持的。他们很想看到教师如何去努力尝试。尽管有时会失败，但还会再次尝试。

◇传授学生积极的自我对话

正如有人所说的，我们的心态不是取决于事物本身，而是取决于我们对于事物的看法。当我们告诉自己再也无法坚持下去时，我们就会放弃。事实上，我们还可以继续，但一旦当自我对话变得消极，我们就真的不能继续下去了。可见，当我们向消极的内心屈服时，就会让自己停下来。相反，我们应该采取积极的自我对话，需要去向学生展示"如何运用积极的自我对话让自己保持斗志"。例如，我们不妨对自己说"我要再读一遍去弄明白作者到底在说什么"或"我们以前解答过更难的难题，这个题目也不会把我难住"或"我会至少再坚持五分钟"，这对于培养坚毅与耐力很有效。

◇提醒学生大脑是可塑的

绝大多数学生没有听说过"可塑性"，不理解"大脑是基于我们如何使用它而发生变化的"。教师要提醒学生通过努力尝试，从错误中学习，有效推进自己后续的学习。这样，他们完成任务的能力就会变得越来越强。如果我们光从字面意思看，大脑会根据我们如何使用它而发生变化。毅力不会因为一项简单的任务而产生，它的形成是一个漫长的过程，需要在一次次凭借毅力支撑的任务完成过程中逐渐得到提升。

除了以上这些推荐的做法，还有一些是教师可以用来培养学生毅力的具体教学方法。在本章中，我们将提供培养学生毅力的两个工具：大量的独立阅读与研究项目。这只是两个具体的例子，现实中有许多可以被用来提升学生毅力的任务、作业或活动。需要明确的是，我们的目标是娴熟（自动化）。挑战与毅力相关的任务应当随着时间逐渐变得容易，最终落在娴熟这一象限。一旦实现了流利这一目标，我们可以通过增加难度或变换信息使用的类型来改变毅力训练任务。例如，九年级学习小组正在学习诗歌。起初，他们对诗歌并不喜欢，抱怨所选的诗歌太难，给自己的理解带来很大困难。正如一个学生所说"我怎么会知道独轮手推车代表的是什么？这不就是一辆独轮手推车嘛"。事实上，这个单元要求学生分析的很多诗歌并没有那么复杂。随着时间流逝，学生开始能够识别诗歌的形式，并能找出它们的共同特点，最终诗歌分析不再需要耗费他们大量的精力，逐渐变得游刃有余了。这时教师可以改变体裁（转向戏剧）增加所选诗歌的复杂度或者选择更长的文本，这些都将需要耗费学生更多的耐力去完成。接下来我们一起来看看培养毅力的教学工具。

独立泛读

之前，我们简要提及了独立泛读在培育学生毅力方面的价值。现在我们将进一步对之进行讨论。泛读（wide reading）有助于学生积累背景知识与词汇（Mason & Stahal, 2003）。当学生将精力专注于阅读（而不是最新的视频游戏或电脑软件）时，他们的毅力也得到了培养，他们会沉浸在一本书里，无论是记叙类还是信息类文本。这里说的文本，我们不仅仅是指传统印刷的有章节的纸质书，而是所有能读到的文本，包括杂志、新闻报道、小说、信息类文本、传记，等等。阅读的关键是鼓励学生长时间地关注文本，同时深入地思考他们所读到的内容。

当时机恰当时，教师要为学生提供自己决定阅读内容的机会。仅不到44%的学生认为他们在决策方面具有自主权，其中只有85%的学生认为他们拥有做出明智决定的能力。有策略地引导学生就如何选择独立阅读的文章作出有价值的决定，这是教学生决策技能的一个好机会，同时也能帮助学生成为自我学习的领导者树立自信。

佩尔格林（Pilgreen, 2000）对于泛读的分析表明，泛读在一定程度上能提升学生的阅读成绩，同时对学生的阅读兴趣与动机具有显著影响。她列出了实施有效泛读的八个关键因素：

◇阅读机会。学生需要有接触各种阅读材料的机会，这些材料需要包含较大范围的话题、体裁与文本复杂度。

◇吸引力。阅读材料要符合学生的兴趣。教师可以每天向学生推荐几本书，指出文本的主要话题和那些可能对阅读文本感兴趣的读者类型。

◇创设适宜的阅读环境。阅读环境应当安静与舒适，泛读应当是专注与放松的，我们的阅读环境需要向学生传递这些理念与期望。

◇鼓励。学生需要成人的支持，教师应向他们示范如何找到合适的阅读材料。学生也需要有人提醒他们专注自己的阅读内容而非其他东西，提醒他们去谈论阅读到的那些文章。

◇教师培训。学校需要组织专门的教师培训，让他们熟知独立泛读的目标与实施程序。

◇无责任原则。这一点可能会引发争议。但是，佩尔格林确实发现，当我们不要求学生写读书报告时，他们往往读得更多，对于阅读所持的态度也更积极。

◇读后活动。读后活动可以包括对所读内容的讨论或鼓励学生将所读内容运用出来。教师有很多读后活动可以使用，从书籍讨论到书籍推荐，再到佳句欣赏（我今天读到的最棒的句子），这些都能使学生与他人分享他们读到的东西。

◇阅读时间分配。常见的错误做法是每周一次长时间的泛读。佩尔格林的研究发现，每天阅读15—20分钟才是最理想的。

当然，阅读不应局限在学校，学生还应进行课外阅读，进一步培养自己的学习毅力。相对那些读得少的学生，那些读得多的学生往往更加优秀。那些更能自主阅读的人通常已经成为了优秀的阅读者。反之亦然，那些不能自主阅读的人往往是糟糕的阅读者。斯坦诺维奇（Stanovich，1986）在描述这一情形时指出，读得多的将越来越好，读得少的将越来越差。为此，教师需要在跨学科泛阅读中去培养学生的毅力，帮助他们储备今后新内容学习所需的背景知识。

研究项目

学生应具备的毅力之一就是独立研究与信息类文章写作。学生必须能全身心投入研究，比如去图书馆搜集资料或在实验室做实验，然后用自己的语言分析、概括与综合所得到的结果。通常，教师在这一过程中要为学生提供一系列的指导。同时，还要为学生提供成功标准的核查表以帮助他们监控自己的研究进度。这样的研究项目一般从小学就开始做，并且一直持续到大学甚至是延伸到参加工作以后的很多领域。南希（Nancy）的儿子是一个机械工程师，他经常要为他的公司写这种类型的报告。

一般来说，研究项目并不复杂。教师通常会为学生提供统一的研究话题与框架。这些项目主要聚焦研究计划与完成任务所需要付出的毅力。在上交任务前，熬一个晚上是写不出一份好的研究论文的。这也是教师为何通常要提前布置任务的原因。我们来看两个关于研究论文的例子，一起来感受一下毅力在完成任务中所扮演的重要角色。

卡门·瓦尔迪兹（Carmen Valdez）班上的五年级学生确定了一位他们想要了解的美国总统。瓦尔迪兹女士通过向学生提供信息组织图的方式教他们如何去记笔记，同时还下载了写作论文的模板供他们模仿。除了上交书面的论文外，他们还需向班级学习管理系统提交一段3分钟的视频供其他同学观看。一旦所有的学生都上传完视频，他们就能够观看彼此的视频，然后对最有影响力的总统进行投票。我们可以看到，瓦尔迪兹女士班上的学生并不是只完成信息性报告，他们在经受了论文的毅力考验之后还有进一步的任务跟进。

教师除了为学生规定图书馆查资料的时间与课上打草稿、修改文章的时间外，他们还必须教学生监控自己完成任务的进度。学生可以要求与教师或同学进行会谈，瓦尔迪兹女士在核查表上为每位学生列出了完成任务的关键步骤。例如，第一个关键步骤是关于所选择总统的基本资料（如出生与死亡时间、配偶与子女情况、居住地、担任总统期间的主要历史事件）。另一个关键步骤包括四项信息来源：四句总统名言、任期时面临的三项挑战、积极影响美国人民生活的两项政策、总统的形象。在这个单元结束时，学生需根据写作提示与要求递交他们的论文。

同样的，迈克·斯坦因（Mike Stein）在生物课上向十年级学生布置了一个遗传基因检测的研究项目。以下是他向学生说的：

基因检测正在变得越来越大众化。设想一下已经有多少人在这方面作出了努力，如23andme（一家DNA鉴定公司）的数据库收集了大量的基因信息。如果你想选择这一话题，我想你会的，因为这是一个很酷的话题。你也可以选择列在我们班级网页上的100多个话题中的任何一个。一旦你作出了选择，那么这个话题就是你的了，其他人也就不能再选了。你将对这个话题进行研究并撰写研究报告，你的报告至少要达到7页（双倍行距），并且至少要含有10篇参考文献。而且，你们还将组成小组进行公开辩论。这听起来很让人兴奋，对吧？

尽管瓦尔迪兹女士在她的课上为学生规定了开展项目研究的时间，但很多内容仍需在课外完成。斯坦因先生的学校实施了一个额外的课外辅导项目。斯坦因先生联系当地大学生物系招募的学生，让他们充当学生可以采访或进行交流的学科专家。为了学生能快速找到项目研究所需的原始资料，他特意在学校图书馆添置了大量资料。这样一来，学生就能更有信心地推进他们的项目。因为斯坦因先生心里很清楚，要完成高质量的论文，学生需要广泛搜集资料并大量阅读文献。

上述项目并不复杂，但要完成它们确实需要毅力与投入。学生必须在持续好几天的研究工作中调整他们的进度、维持他们的注意、建立各信息间的关联。我们建议，学校不要仅仅去组织一些要求学生个体独立完成的项目，而是要关注那些需要持续毅力支撑的任务。你可能已经注意到了让毅力训练任务更加有效的几个关键要素，即选择、关联与差异化。

选择、关联与差异化

我们所列举的关于毅力的例子都保证了学生的选择权。学生进行泛读时，他们可以根据自己的需求选择各类文本。学生对于研究项目的话题也有选择权。我们认为，选择是很重要的，因为它是学生完成各项任务的促进因素，特别是当这些任务需要学生去独立完成的时候。然而，只有60%的学生认为教师鼓励他们去做决定，而这恰恰是学生在学习与生活中自信地采取行动所需要培养的一项必要技能。

当学生开展合作学习时，我们对学生的决策训练并不担心。因为当他们专注于学习任务时，他们会根据小组成员的反馈作出相应的调整。剥夺学生在毅力训练任务上的选择权会让他们在完成任务前选择放弃的可能性大大增加。

除了选择，当学生面临困难任务时，我们要考虑任务的相关性。我们很多人说过（或听学生说过）这样的话"我为什么要做这15道难题呢？它们花费我大量时间，但我无论如何也不会用到这些内容"。当学习任务具有相关性，学生更愿意去将它完成。拿泛读来说，学生根据自己的兴趣找到吸引他们的阅读文本是很重要的。78%的学生表示，他们喜欢学习新的事物，但只有65%的学生认为他们有机会在学校里学习到自己感兴趣的东西。我们通过将学生的兴趣与文本选择进行关联，就可以发现学生探索未知事物的与生俱来的好奇心。

教师应鼓励学生不断地拓展他们所阅读的内容。例如，如果一个学生只读现实主义小说，教师可以找这位学生面谈一次，向他推荐一些与他感兴趣话题一致的不同体裁的书籍。第一步或许可以从现实主义小说到历史小说，这时如果直接跳到诗歌可能跨度太大了。在这个例子中，教师试图去选择那些与学生已经熟知话题相关的不同呈现形式，同时确保这些话题与他们当下的兴趣相关联。

最后，毅力训练任务需要差异化，以满足学生的多样化需求。学生在泛读时要能够接触到不同难度的阅读文本，以便于每个人都能阅读适合他们难度的材料，同时也能从他人那里得到帮助。当学生进行项目研究时，教师要为他们提供个性化的核查表以及多样化的教学资源。此外，教师还需要监控学生的学习结果。当学生需要帮助时，教师应随时为他们提供额外的支持以确保他们顺利完成任务。

培养学生的毅力是学校的一项重要任务。学生需经历一些难度较大但复杂度并不高的任务来提升他们的持续专注与努力的能力。经过训练，他们会逐渐学会坚持并最终实现目标。正如达克沃斯（Duckworth，2016）所提醒我们的那样，"我们更愿意相信'飞鱼'马克·施皮茨（Mark Spitz）天生就是游泳运动员，因为他以我们不曾用过也不能用的方式来游泳。但是，我们不愿意坐在游泳池边上看他逐渐从业余走向专业。我们只喜欢看到他已成为一名优秀的游泳运动员这一结果（p.39）"。但事实情况是，一名普通游泳运动员需要时间与毅力去成就卓越。

策略思维

尽管流利度与毅力训练任务多数都是需要学生独立完成的，但是策略思维这一象限的任务需要转向与教师或同伴的互动。策略思维有各种不同的定义，但总体来说包括以下几种能力：

◇构建目标并制订实现目标的计划；
◇搜集与整合信息；
◇作出如何行动的决策；
◇反思自己的行为与思想；
◇根据反思调整自己的行为。

以上很多认知与元认知活动需要与其他活动一起发生，特别是需要体现高阶思维的互动。因为学生必须要考虑解决问题的多种方法而非单一路径，所以策略思维的运用会增加课堂教学的精准性。

尽管"策略"与"技能"经常被交替使用，但在理解"策略"时，应与"技能"区分开来。阿夫勒巴克、皮尔逊与帕里斯（Afflerbach, Pearson & Paris, 2008）对阅读中这两个术语的使用进行过讨论，并给出了易于我们理解的区分。

阅读技能是快速、高效、流畅地解构与理解文本的自动化行为，通常是一种不受控制的无意识行为。而阅读策略是控制、调整学生解构文本、理解字句和建构文本意义的有意的、目标导向的行为。有成就的阅读者需要平衡阅读技能与策略，以及根据需要在两者之间转换的能力（p.364）。

受上述定义的启发，我们增加了一个从策略到技能的过程。然而，学生如果没有经过大量练习，他们将无法学会策略思维。从项目列表中我们不难发现，策略思维包括目标设定、计划制订与基于学习进度进行调整。在前一章里，我们特别关注了目标确立与成功标准的重要性，这些与目标制订直接相关。但离开了有意注意，学生可能无法有效规划目标。78％的学生认为要通过努力学习去实现那些目标，这是一个很好的开始，但所有学生都需要理解目标设定以及通过努力学习达成目标都很重要。在很多情况下，他们往往无法设定有意义的目标并对目标进度与实现程度进行反思。我们发现，这一现象对于成人学习者也是如此。教师话语调查结果显示，96%的教师认为设立目标并通过努力学习去实现目标很重要。然而，只有66%的教师认为在他人监督下建立目标对他们的工作很重要。尽管我们的同事与校领导看上去成就感与动机十足，但他们很少有人会为自己设立目标，除非他们专门抽出时间去跟别人探讨与他们工作产生意义关联的目标。

接下来我们将探讨以下内容的重要性：
◇理解如何在交互教学过程中运用策略来解决难题；
◇元认知的本质特征及促进反思性思维的方法；
◇将策略思维转化为行动的自我调节行为。

解决难题

挑战在于找到复杂但难度适宜的学习情境的解决方法。我们想要表达的意思是，虽然我们不期望学生能想出气候变化、癌症治疗或实现世界和平的解决方案，但我们还是想要他们感受到自己在学校里所学的内容与他们课堂外的生活是有关联的。

"互惠教学"（reciprocal teaching）是指小组基于文本讨论通过集体努力解决问题从而促进阅读理解的教学方法（Palincsar & Brown, 1984）。作为促进四至十二年级学生理解力的有效教学工具，数十年来互惠教学被广泛地应用于英语、科学、社会学、数学与技术学科的信息类文本。哈蒂（Hattie, 2009）指出，互惠教学具有0.74的效应量，是他所列出的195个影响因子中最富有活力的。在这一教学模式中，通常由四名学生组成一个小组，共同阅读与讨论一个信息类文本。经教师或小组同意，文本事先被分成几个部分（通常每个部分为1—3个段落）。小组成员对每一个篇章片段进行默读，然后被分配不同角色（提问者、澄清者、总结者与预测者）的每位成员轮流引领与参与简短讨论，共同建构意义，这一过程在下一篇章片段继续重复，直至整个语篇被读完。这一做法对学生运用具体理解策略、监控与修复理解水平的知识与能力提升有帮助。

尽管以上教学方法最初是为高年级学生设计的，但是适合低年级学生的改良版互惠教学也逐渐进入了我们的视线。珍妮·爱德华（Jenny Edwards）将普瑞特与伊丽莎白·科尔（Pratt & Urbanowski, 2015）的方法运用于他任教的一年级学生身上，爱德华女士将学生分成小组，并将文章的开头大声朗读给他们听，然后在关键位置停下来，让学生讨论所到的内容。教师解释道，"我所关注的是，他们监控理解与必要修正（必要时纠错）的能力"。学生手持两面分别标有"click"（行驶中的自行车）与"clunk"（爆胎的自行车）的卡片，当他们无法理解教师时就出示"clunk"这一面。当学生理解教师所讲述的故事时，他们就举"click"这一面（Klingner & Vanghu, 1999）。然后，学生阅读文章剩余的内容，在指定位置停下来进行简短讨论，教师进行帮助。在此期间，学生可以出示他们自己的"click"与"clunk"卡片以便教师能提示他们自我纠正阅读行为以帮助修复意义。

"我从今年开始做这一教学尝试，从学生身上我看到了可喜的变化。"爱德华女士说："他们经常在一起谈论如何策略性地修复意义。当我听到学生说'这就是我如何将卡片从 clunk 变成 click 的'，我感觉棒极了。"

元认知

关注自己思维的能力叫作元认知意识，通过策略性教学培养这一意识能产生积极的影响。尽管具体的策略（如考试前复习笔记）是有用的，但一个能进行元认知思考的学生同时也在监控其进步、反思他目前的理解水平、计划用来理解材料所需的其他技巧。事实上，元认知是对自己学习进行监控、评估与计划的能力（Flavell, 1979）。我们之前讨论过设立目标的价值与促进元认知反思的做法（如结课小测试）。但是，教师可以随意使用的最佳工具或许还是教师的元认知本身，即教师大声思考。

当七年级科学老师塞西莉·麦克尼尔（Cecily McNeill）与她的学生一起放声思考（thinks aloud）时，她向学生示范自己的元认知过程。当介绍第二天学生即将完成的户外科学实验时，她示范了自己的计划过程。

我的目标是去米勒池塘（Miller's Pond）采集水样。在这项户外工作之前，我需要事先准备好相应的设备。这意味着我必须确保已备齐了所有我需要的东西，并且我能够将它们运去水池现场并及时运回。

这位科学老师示范了列出所需设备单子的过程，同时也回顾了她需携带的数据采集单子（记录水的混浊度、温度、氧气水平与酸性）。"我对自己需要带的东西进行再次确认以保证万无一失。如果我不那么做，就很有可能会落下东西。"她放声思考道："如果我不记住主要的科学问题，那么我就会陷入麻烦。我想通过数据分析来回答的问题是'米勒池塘这个池塘的健康程度如何？'因此，我问自己：'我还需要什么其他措施来解决这个问题？'"她继续道。

我意识到，如果我不关注生活在池塘中的大型无脊椎动物的话，我是不能圆满地回答这个问题的。这是池塘健康的另一种检测方法。所以，如果我想要收集大型无脊椎动物的数据的话，我得在我的设备单上添加相应的东西。

麦克尼尔女士将计划移交给学生团队，将准备室外实验室工具包的责任交给他们。"我知道我需要给他们机会去完成一项大工程所需的计划与准备。在整个实验项目中，科学思维需要大量的反思性思考。我不想为他们准备好一切东西。科学家不应直接从货架上买来成套用品，他们需要为他们的实验进行设计与计划，并总是对他们所做的事情及其原因进行反思性思考。"

自我调节

一个人根据需要使用策略、监控实现目标的进步与元认知思考的能力，自我调节的学习行为是至关重要的。自我调节的学习行为包括对学习的准备、必要时寻求帮助与面临困难选择坚持。这里有一个自我调节的阶段性问题，因为低龄学生维持这些学习行为的水平不如高年段学生，但即使是小学生也有能力学习与加强自我调节行为。如果元认知是对于自己思考的思考，那么自我调节则是对于自己学习的学习。

计划是一项重要的自我调节技能。烹饪的一个重要原则是做菜前的准备工作（一切就绪）。在开始前，厨师要将所有的用具、设备与配料都准备好。这样做的好处就是将烹饪时来回跑动拿东西的时间减到最少。如果你少了重要的配料，你在开始烹饪前就要意识到这个问题并采取相应的解决对策。教师要通过让学生列出并整合所有需要的东西，教他们对任务进行计划，而不是为他们准备好一切所需的东西。高年段的学生在写作时开始学着先列出提纲再进行写作，这样做有助于他们在开始写作前就对所写内容做到心中有数。很多学生会使用电子或纸质日历来记录他们需完成任务的最后期限，但如果事先能对当周的任务进行一个总体规划的话，他们就不至于在任务上交的前一晚出现"临时抱佛脚"的情形。

寻求帮助的行为也应被教授与鼓励。只有58%的学生表示能做到主动在课堂上提出问题。一些学生在认知上存在误区，他们认为学业优异的学生通常能独立完成任务，而且几乎不需要寻求帮助。事实上，具有高自我调节能力的学生往往更多地去从他人那里寻求帮助与建议，这让他们对知识掌握得更加熟练（甚至达到自动化水平），而不是仅仅解决眼前出现的问题（Ryan, Pintrich & Midgley, 2001）。"你能帮我解决这个问题吗？"与"你能帮我解决这个问题吗？下次我在解决类似问题的时候我该怎么做？"这两个表述是不一样的。尽管我不希望学生独自去达到这一层次，但通过你的反馈能给他们带来启发。处理完问题之后，教师可以问问学生"下次碰到类似情况你应该怎么做呢？"引导他们理解"错误是一种学习资源"。多年来，我们教小学生与中学生每日反思的四个问题，与萨彭·谢文（Sapon-shevin, 2010）描述的问题框架基本一致：

◇当我需要帮助时，我是否向他人寻求帮助？
◇我是否主动为他人提供帮助？
◇当他们提供帮助时，我是否会接受帮助？
◇当我还想独立尝试时，我是否礼貌地谢绝帮助？

当你清楚地表达与示范寻求帮助与提供帮助的行为时，你正在达成一些目标，包括创建学校学习共同体与加强社会情感学习。除了对学习有帮助，这些也是学生在他们个人与职业生活中需要使用的真正的生活技能。

面对挑战时，学生通过解决问题与寻求帮助的策略将学习持续下去。这些策略是完成学业的重要因素，缺乏这些技能的学生往往面临着更大的学业失败风险。事实上，有研究发现，对九年级学生处理问题技能的评估能够准确地预测他们是否能顺利完成高中学业（Hess & Copeland, 2001）。消极的应对技能与逃避相关联，包括隐藏、责备他人与无助，而高效的应对技能则包括重新启动目标与寻求支持（Skinner, Pitzer & Steele, 2016）。

有趣的是，一项对880名四至六年级学生的研究表明，高效的学习问题解决能力与学习投入直接相关（Skinner et al., 2016）。换言之，那些学习投入的学生能够将所面临的挑战与挫折当成持续学习过程中的资源。我们一定看到过那些全力以赴的运动员、全情投入的演奏者或玩视频游戏的人们，他们专注的神情。这些神情有何共同之处？对于目标的清晰认识！这就是投入！我们的课堂同样也需要清晰的目标。尽管我们或许不能够直接教学生毅力与问题处理策略，但是我们一定能为他们这一技能（目标、寻求帮助的机会）的形成创造条件。

培养专长的努力

马尔科姆·格拉德韦尔（Malcolm Gladwell）在他的《出类拔萃的人：成功的故事》一书中向大众揭示了专业技能发展领域的秘诀。在所有的发现中，格拉德韦尔分享了有意注意的作用（一万小时定律）。尽管这很能引起人们的共鸣，但这么长的时间在课堂上显然是无法实现的。一万小时的练习并不是建立专长的唯一要素。专家能够形成对质量监控、决策与高度准确地评估各种情形。在学校里，学生的能力通过批判性思维技能的训练任务来培养。这些批判性技能需要学生监控质量，综合与分析来源，与解决不明确的或非结构化的问题。除了提供与内容相关的挑战，教师还需要创设师生课外共同解决问题的机会。遗憾的是，只有46%的学生表示他们有机会与教师一起解决学校的问题。通过师生共同解决问题，教师能为学生提供一种强有力的示范，这将有助于培养他们面临学习与生活困难时的批判性思维与问题解决技能。

其他一些培养批判性思维的做法包括：

◇同伴互评；

◇文本思辨性阅读；

◇基于问题的学习。

接下来，我们将进行详细探讨。

同伴互评

尽管同伴互评通常与写作相关，但近年来它在其他学科中的应用也很常见，特别是在研究项目与展示活动中。有些教师对同伴互评表示怀疑，因为他们对评价的准确性表示担忧。但是，当教师让学生以一种建设性方式去点评同伴作品时，效果往往会很有效。一项师生点评的比较研究表明，学生同伴所作的点评更具优势，它们更加关注作文的形式、内容与信息传递，而教师的反馈则聚焦错误纠正而非行动性反馈（可供学生改进的反馈）（Canlk,1994）。

问题的关键在于教师必须教会学生如何进行点评。如果没有教师的指导，学生同伴就会依赖本能反应（如给出"太棒了"的总体表扬）以及词句层面的修改

(Simmons, 2003)。然而,那些善于点评的学生往往能够对文本进行重新思考,引导写作者思考"读者如何理解写作文本"以及"写作结构是否需要调整",进而为写作者提供具体的修改建议(Simmons, 2003)。表 4.1 概括了学生同伴点评的方法。

表 4.1 同伴反馈教学方法

方法	教师应……	学生应……
分享作品	分享作品并寻求反馈 分享附有学生反馈的重写作品	为教师的作品提供评论
区分评估与反馈	说明评估是针对作品的,而反馈是针对写作者的	理解反馈是个性化的和有帮助的
示范具体的表扬	示范如何说出你作为读者的感受	理解笼统的表扬对于写作者没有太大帮助
示范理解	示范如何说出你是如何理解作品内容的	理解反思写作者作品是有帮助的
示范问题(提问)	示范如何就不理解的内容提出问题	理解与写作者意图相关的问题是有帮助的
示范建议	示范如何建议写作技巧	理解反馈者让写作者知道下一步该做什么
全班反馈	适度控制全班对某一作品的反馈	提供反馈 聆听其他同学的反馈 聆听写作者觉得有用的内容
同伴反馈	将全班分成对子对作品进行反馈	将全班反馈阶段所学到的反馈进行练习
评论回顾	将同伴评论读给写作者听 建议更好的写作技巧 设计专题课	从评论中找到教师反馈
反馈会议	与那些反馈不当的学生进行个别交谈	巩固技巧

四年级教师维克多·托里斯(Victor Torres)将同伴点评作为他每周一次的"天才时间项目"(Genius Hour Program)的一部分。谷歌(Google)领导承诺每

周为员工安排探讨他们感兴趣话题的时间。受之启发，托里斯先生将"天才时间"作为每周为学生留出的调查话题、计划项目与时间表安排，以及提交作品的时间。他班上有一个名叫詹姆斯（James）的学生对计算机编程如何被用来加强网络安全颇感兴趣。詹姆斯了解到，由机构赞助的编程马拉松与其他比赛是为了暴露他们系统的漏洞。其中最让他感到不可思议的是，有一名二年级学生对他父亲的 Xbox 系统进行攻击并成功破译密码之后竟然被微软公司聘为安全研究员。詹姆斯需要向全班作一个口头陈述。在报告准备的过程中，他找到了他的同伴索菲亚（Sofia）。詹姆斯利用报告写作软件先将他的口头陈述以草稿的形式写下来，然后与索菲亚分享自己的报告，索菲亚在聆听的过程中全程作记录。当詹姆斯讲完后，她将听到的信息加以概括，让詹姆斯了解听众是如何理解他的陈述的。索菲亚随后还向他提出了一些澄清性问题，同时告诉詹姆斯她想进一步了解的内容。詹姆斯在索菲亚评论时认真记录，结束时他向索菲亚表示感谢。第二周当詹姆斯向全班汇报时，他再次向索菲亚表达谢意。他说，索菲亚对我的报告提了好多的问题与建议，让我将报告变得更好。

文本思辨性阅读

　　复杂性阅读有助于培养学生的思辨性阅读技巧。换言之，学生理解高难度的阅读材料付出更多的努力。熟练的阅读者能够通过思辨性阅读发现文章的深层细节，而不仅仅停留于表层意义。当然，并不是所有的文章都需要思辨性阅读技能，有些文章我们只需要读一遍，就能轻松地抓住我们所需要的信息，然后继续读下去。但是很多文章需仔细审视，进行必要的回读、策略性思考与元认知提问。学习者这些认知习惯需要在教师的指导下逐渐建立起来。思辨性阅读正是通过过程性框架来培养上述习惯的一种教学方法，这一方法可以有效培养读者的阅读技能。

　　尽管思辨性阅读的出现已有将近一个世纪的历史，但它作为中小学的教学方法，仍处于起始阶段。作为大学与高中的课程，思辨性阅读旨在培养青少年良好的阅读习惯（Frey & Fisher, 2013）。基于教学目的，课程往往提出以下要求：

　　◇阅读文章要足够短以便于学生能在一堂课内进行反复阅读与讨论；

　　◇学生阅读的作品很多可以是长语篇中的节选内容，但应具有一定的独立性；

◇反复阅读应出于真实性需要，侧重解答教师提出的基于文本的讨论性问题；

◇学生的意义建构通常需要 30 分钟左右的额外时间，因此他们在阅读时需要对文章进行必要的注释与见解记录，以便后续理解能够查阅。

基于文本的问题是加深学生理解的重要支架（Fishe, Frey, Anderson & Thayre, 2015b）。这些问题在四个层次进行设问。

1. 第一类问题是字面层次（表层水平），它们聚焦于作品的一般意义与关键细节，这一层次的设问目的在于建立基础知识以帮助学生了解文章所表达的意思。

2. 第二类问题引导学生关注文章的结构要素。这些结构要素包括记叙中的文学手段，如伏笔与典故（暗示），说明结构中的比较与对比或因果关系。文本的组织特征可能需要讨论，比如诗歌中标题或节的使用，词汇选择对于文本结构要素来说至为关键，特别是在对作者的文本写作意图进行讨论的语境中。

3. 第三类问题引导学生运用批判性思维技能去陈述文章想要表达的意思。教师设计基于文本的问题旨在培养学生根据证据形成观点的习惯，特别是当他们参与正式讨论活动时。同时，教师设计的问题（包括那些能够证实或质疑作者立场的问题）还应当能够鼓励学生去与其他文本建立关联。

4. 上述深层讨论引出最后一个层次的问题：文本激发你去做什么？这一阶段的任务包括书面作业、调查、辩论或讨论会。

表 4.2 概括了这四个阶段及其相关问题类型

设问目的	问题聚焦	问题类型
第一阶段：文本讲述了什么？	关键细节	表层（字面性理解）
	总体理解	
第二阶段：文本是如何组织运作的？	作者的写作手法和意图	结构（结构性理解）
	词汇与文本结构	
第三阶段：文本表达了什么意思？	观点/证据，互文关联（文章间的相互关联）	推断（推理性理解）
	推断	
第四阶段：文本激励你去做什么？	书面回答；口头报告；调查；辩论；研讨会	释义（应用性理解）

在凯瑟琳·德索托（Kathryn Desoto）任教的十一年级美国文学课上，她安

排学生阅读戏剧《销售员之死》（Miller，1949）。有一次，她精选了戏剧的第二场中的一幕，即当主人公威利·洛曼（Willy Loman）被解雇时，他最后的生存希望被破灭了。德索托女士向学生提出聚焦字面性理解的问题，确保他们理解大意之后，她将注意力转向结构性层次的问题。

让我们一起将书翻到第 80 至 81 页，来看一下威利的独白。请大家再花时间读一遍，然后考虑一下这个问题：戏剧中的很多对话被简化了，但为什么作者米勒（Miller）对威利的话语却如此大费笔墨？

几分钟之后，德索托（Desoto）女士重复了上述问题。她先邀请学生起来回答，然后让他们坐下来集体回答，并问道："你对此是怎么想的？"

"好吧，我一开始并没有关注到这一点，但是埃米利奥（Emilio）说他感觉这是威利的最后一次大型登台，"汉纳（Hannah）说道，"比如，他感到很绝望，知道这是他为保全工作的最后一搏了。"

埃米利奥接过话题补充道："销售员之死这个标题很合适，威利想要实现他'高贵地死去'这一梦想。"

随着对文本结构的深入讨论，德索托女士进行到第三阶段，提问文本的主题意义"自本单元一开始，我们就一直在认为《销售员之死》是一个美国悲剧，当听到你说这一幕是对美国梦的一种评论，我感到非常好奇，迫切地想知道你的想法。我会先让你们以小组形式讨论"。

小组讨论结束之后，丹（Dan）开始说："威利的老板想要炫耀他那崭新的有线录音机，我刚正在考虑这一幕的写作技巧。我们认为这没啥，但这在 1949 年已经是很了不起的宝贝了。"他继续道："因此，我认为作者之所以这样写是为了表明威利被时代给抛弃了。"

德索托女士问道："有人可以接着丹的想法聊聊吗？"

玛尔塔（Marta）举手补充道："威利对之并不服气，他一直热衷于谈论一个名叫戴夫·辛格尔顿（Dave Singleton）的销售员，因为当他 84 岁去世的时候被认为是历史上最伟大的销售员。"威利说："一些事情不会改变，也不会过时，就好比成为一名出色的销售员。只是在我们看来，威利并不是一名出色的销售员。"

德索托女士点头表示赞同，"我们是怎样知道的？威利对自己不诚实的证据在哪里？"这时不少学生争先恐后地回答，"82 页威利说他 1928 年每周的平均销售额是 170 美元，但是他的老板说威利从来没有达到过这个数"。

接着，德索托女士准备好了第四阶段的问题"我打算让你们以小组形式进行调查并写作，回顾一下我们学过的内容，至少找到两条关于美国梦的引语。我们明天讨论的时候，请大家说一说为什么它们在这个语境里是有意义的？当然，你们要确保自己找到的引语是准确无误的。课后，我会把这些引语收集起来并将它们进行整合以供我们讨论之用。今晚，请看一下书本97页的内容，即威利·伯纳德（Bernard）与查理（Charley）的最后一次见面"。

基于项目的学习

"只有宽度而深度不够"是对于课程的一个流行评论。换言之，学生很少有时间去深入思考他们所讨论的话题并对深层知识进行探索。相反，对于表层知识（特别是事实性知识）的学习往往是常态。但是，有思想的教育者数十年来一直采用基于项目与问题的教学方式，为学生提供大量实地调查与解决难题的机会。这些耗时的项目旨在培养学生的迁移能力，而这样一种能力的提升只有在新的情境与方式中运用知识时才能发生。当然，学生在进行基于问题或项目的学习之前需要具备必要的表层与深层知识。

基于项目的学习本质上也要求学生练习合作技能，62%的学生表示他们喜欢与其他学生一起做项目。当我们与学生就这一发现进行交流时，我们听到了以下反馈：

"当我们以小组形式进行学习时，我们能分享彼此所学到的内容。有时，我可能会错过一些内容，而这些内容刚好有其他同学听到了。反之亦然。当我们彼此分享时，我们学到的内容最多。"

"我真的很喜欢与其他同学一起做项目，因为老师让我们每个人都承担了一定的学习任务（对学习任务进行了合理的分配）。"

有时我们会听到"我讨厌与其他人一起做项目，我宁愿独自完成所有的任务"。

无论学生喜欢还是排斥与他人一起完成任务，对于他们而言，合作技能无疑是重要的。基于项目的学习为学生提供了一个进行合作的绝好机会。

基于项目的学习描述了一个拓展性的探究过程，它是被用来描述很多教学模式的总括性术语，包括基于设计的学习与先前章节中提到过的"天才时间"。另一种模式是基于问题的学习。在这样一种学习方式里，教师要求学生去解决一个没有明确答案但却是真实的实际问题，如我们怎样改进学校的出勤率？我们的社区应采取怎样的措施来减少蝉（类）这一种群？以上每一种方法都有特定的具体过程，但都需要探究精神，且需要利用一门以上的学科知识。

基于问题的学习有效地培养学生的专长，因为它需要学生以独特的方式运用知识。这些项目与问题可以通过许多方式被解决，没有两个项目或解决方法是完全相同的。事实上，基于探究的学习方法的吸引力在于调查与结果同样重要，这些项目为学生设立目标、监控学习过程、反思学习与运用策略性思维解决问题提供了更多的机会。一些基于问题的项目受一个宏大的关键性问题所驱动，不一定能找到解决方案，但可以为学生打开一扇调查研究的大门。我们所在的学校运用四个全校范围的关键性问题，这些问题都是由学生推荐与表决的，这些问题作为教师链接学生项目的"大帐篷政策"（包容各种不同的观点）。例如，英语系采用关键性问题"什么是值得奋斗的？"来激励学生思考他们的学习状态。学生需要确立一项有价值的事业并建立相应的脸书网页，然后对来自公众的点赞数进行适当评估。如果点赞数量不多，则表明网页需要改进。

小学阶段的学生仍然在学习如何开展调查，因此他们的探究性学习需要组织项目的教师指导。作为科学中关于昆虫的单元，二年级教师凯文·诺瓦科夫斯基（Kevin Nowakowski）从人们对于昆虫常见误解的讨论开始他基于问题的教学，教师在记录纸上记下他们的想法：

◇人们认为所有的昆虫都是坏的；
◇人们认为他们不得不杀死昆虫；
◇人们无法理解农民需要某些昆虫；
◇人们害怕昆虫因为它们看起来很奇怪。

诺瓦科夫斯基先生开始指导学生："有时你们思考的正是我们需要解决的难题，比如，我们怎样才能帮助我们的学校社区理解昆虫为什么这么重要？"随着讨论的深入，学生认为有必要向公众发起一次宣传运动。全班可以通过制作特定昆虫的信息海报来帮助大家对昆虫有更进一步的认识。第二天，诺瓦科夫斯基先生和学生一起绘制了一份海报模板，其中包括了昆虫的名字与介绍（解说），给出了至少5条有趣的昆虫特征介绍，以及至少一条大家如何保护此类昆虫的建议。由于学生已经在科学课上对昆虫有了研究，他们能列出很多各种各样的候选昆虫，包括传粉昆虫与分解者（腐生物）。尽管蚯蚓与蜘蛛不是昆虫，全班决定将它们也放进去。"那就意味着我们必须将蚯蚓与蜘蛛放到海报上。"赛斯（Seth）说道。

在接下来的一周里，学生通过同伴合作的方式去寻找关于他们分派到的昆虫、蜘蛛或蚯蚓的信息，诺瓦科夫斯基先生在学校学习管理系统为学生精选了电子资源，他将打印出来的资源放到一起供学生参考。在每堂课上，他密切关注班里的 12 个小组，根据他们的进度来决策下一步行动。

"这是一段忙碌的时间，我必须给他们很多指导与支持，但这是非常值得的！"诺瓦科夫斯基先生讲道，"当他们看到所有的项目成果时，一切努力都会得到回报。"由学生制作的电子海报轮流在餐厅与前厅的纯平显示器展示，帮助其他学生、教师与来访者发现了解到更多本地区的有益昆虫、蚯蚓和蜘蛛。项目的最后，全班学生对他们的成功之处与改进点进行述评。诺瓦科夫斯基先生说："学生提出的其中一条便是下一次项目他们想要使用社交媒体。"

小结

就学习投入以及知识的进一步深化而言，任务挑战对于学习是必需的。最理想的状态是，任务挑战应处于学生的最近发展区，有利于促进学习者的思维。有时，学生或许会面临失败。但高能学习团队认为，如果被正确对待，失败是有价值的。当学生面对失败时，他们会在社会与情感层面产生继续坚持下去的动力，进而促进他们成长心态的发展。但是，教师设计的任务难度与复杂度必须得到适度控制，以便于学生能获得丰富的体验来培育他们的娴熟、毅力、策略思维与专长。尽管没有一种教学方法能同时培养上述技能，但是综合性课程能让学生的这些技能同时得到提升。如果不关注策略性思维与专长，学生的学习就会停滞。如果不关注娴熟与毅力，学习者很快就会注意力涣散。教师通过设置任务挑战，让学生具备娴熟与毅力，掌握策略性思维工具，将有助于培育他们的专长。这不正是我们最终想要学生掌握的技能吗？

第五章　全情投入

杰里米（Jeremy）是一名安静的高一新生，他平时几乎不怎么学习，处于退学边缘。他每天能正常上课，基本上也不惹事端，但是很明显，他只是在这里将自己养大，然后顺理成章地离开学校而已。每一堂课他几乎都没法听懂，但他对此并不在乎。为了能使杰里米参与课堂活动，老师们尝试了一切能想到的办法。

老师们经常碰面商讨他的情况，想尽办法去帮助这名学困生。他们还多次尝试与孩子的父母取得联系，但没有得到任何回音。杰里米的老师主动抽出时间为他补课，并建议他跟同伴一起学习。老师还尝试在课间与他进行个别交流。可以说能想到的努力都尝试过了，但这些似乎都无济于事。给人的感觉是，杰里米眼下正处于学习冬眠期。有一次会议快结束的时候，学校辅导员亚当·桑德斯（Adam Sanders）抛出了一个新的想法："下周我们尽力去搞清楚杰里米感兴趣的一件事情，然后以此为杠杆，说不定就能撬动他，让他再次投入学习。"对于这个想法，大家不约而同地表示同意。

当老师们再次集中到一起，桑德拉·基恩（Sandra Keen）面带着狡黠的微笑，郑重地向大家宣布：她发现杰里米对户外环境感兴趣。当杰里米积极参与一个关于环境的课堂讨论时，她意外地捕捉到了这一点。当杰里米分享他的观点时，基恩女士不仅感到非常惊讶，而且略显惭愧地意识到她甚至没有听出杰里米的声音："令我感到沮丧的是，似乎没人对环境在意。事实上，没有什么比户外活动更好的了。我所认识的大多数人似乎都沉湎于诸如视频游戏的一些东西，他们对别人的事情一点也不在乎。"

基恩女士不想打击杰里米第一次参与课堂讨论所作出的努力，她对杰里米的表现给出了积极回应，同时也指出了他交流过程中使用到的不恰当语言。"杰里米，我对你的热情参与印象很深刻。但我们在课堂上需要使用更加规范的语言来表达自己的想法。当然，我们非常期待你将环境保护方面的更多见解告诉我们。"

基恩女士想要继续往下说，但看到杰里米停顿了一下，她知道这令人尴尬的沉默表明他正在思考想要说的话，于是停下来听杰里米说。"好吧！看看这所学校里那些毫无意义的社团（如棋类社团、辩论社团与学生会），他们将所有的时间与努力都用在排练愚蠢的学校舞蹈上，却没有对户外俱乐部引起足够重视。"

基恩女士回应道，"请你务必明白一个道理，那些俱乐部代表了其他学生所在乎的东西，我们应当尊重它们。但是，你观察到了一个非常有意思的现象：我们学校在保护环境方面所作出的努力远远不够，在一定程度上剥夺了学生与外界发生联系的机会。让我们下次找时间再好好谈一谈这个问题"。杰里米意识到他已经透露了自己的隐私，为此他感到有些不安。当基恩女士表示晚点想要约谈他时，一丝恐慌掠过了他的脸颊。

基恩女士这里说的"晚点"实际上就是指课后，她在教室门口拦住了正打算出去的杰里米。"杰里米，我非常感谢你在今天课上所作出的贡献。你平时都喜欢做些怎么样的户外运动呢？"杰里米只想着快点离开教室，于是他漫不经心地附和道："远足、野营、钓鱼，等等。"

基恩女士回复道"太棒了，我也很喜欢户外活动。你知道吗？我很小的时候就开始飞蝇钩"。尽管杰里米没有给出回答，很显然他已经结束了对话。"你是否愿意与我们一起为这所学校创办一个户外活动俱乐部？如果你愿意投入时间与精力的话，我甚至愿意将你错过的作业与之关联起来。"又是一阵沉默。"你考虑一下吧，我明天再找你沟通。"

对于杰里米是否愿意创办户外活动俱乐部，基恩女士并不确定，但她至少发现了他感兴趣的东西，这也给了教师开展团队合作的机会。老师们迫不及待地开始讨论，他们如何利用杰里米对户外活动的兴趣，通过精心设计让杰里米再次投入到学校学习中去。值得注意的是，这些老师并没有将杰里米当成一个问题学生，他们将关注点放在他的潜在发展可能性上。

投入差距

政策制定者、研究人员与教育家共同提出了一个口号，即"我们必须缩小学生的成绩差距"。这在一定程度上反映了国内与国际上对于标准化测试成绩的关注。每当新的 PISA（国际学生评估项目）、TIMSS（国际数学与科学测评趋势）、州或地方评估结果公布发行时，这些测试结果总会引起各方的广泛关注。教师、领导和父母们热衷于分析这些数据，有时甚至到了"狂热"的地步。那些学校则想方设法地根据目前的现状去积极寻求对策。当然，我们支持学校应承担的责任（accountability）。正如金（King，2017）所指出的"没有应承担的责任，标准就毫无意义，公平也就成了一场骗局"（p.28）。同时，我们也不否认，当下一些学校通过窄透镜所看到的片面图景。我们必须将平衡重新建立起来，从"评估测试"与"应承担的责任"驱动转向"信任"与"应尽的义务"驱动的体系。

当提及解决成绩差距时，我们首先必须要理解一种更具挑战的现象：投入差距。有很多研究（Newmann, Wehlage & Lamborn, 1992; Finn & Rock, 1997; Fredricks, Blumenfeld & Paris, 2004; National Research Council & Institute of Medicine, 2004; Appleton, Christenson & Furlong, 2008; Lewis, HUebuer, Malone & Valois,

2011)发现，学生的投入对各种学习结果与人生成就具有预测性。例如：
◇进步的学习成绩（更高的分数与标准化测试分数）；
◇更低的辍学率；
◇更高的高等教育课程出席率；
◇更少的冒险行为（如不良行为与药物滥用）；
◇更高的个体生活与整体幸福感。

尽管上述令人信服的研究结果让我们认识到了学生投入的重要性，但如果学生不能经常参与有意义的学习活动，那么他们参与学习和成就目标的动机就无法产生。明白了这一点，我们不禁要对下面的调查数据表示担忧：43%的学生认为学校生活是无聊的，只有54%的学生说他们喜欢参与自己的课堂。比这些数据更令人震惊的是，居然没有人对于这一问题感到惊讶，更别说有采取相应措施的紧迫感了。这一现象似乎已经被人们默认为当下年轻一代的正常状况。我们应当明白，学校的目的是要成为一个学生学习与成长的地方。然而，只有57%的学生认为学校是激发他们学习愿望的地方。换言之，学校并不能让他们产生学习的愿望。梳理投入方面的主体文献，我们可以得出如下结论：40%—60%的在校高中生存在"习惯性不投入"现象（Klem & Connell，2004）。如果我们真的想到去解决成绩差距，我们必须要应对当前很多学校与课堂中普遍存在的低投入危机。我们认为，教师必须要为每个学生创设高水平投入的学习体验。

投入：滥用与误用

作为研究人员，我们有幸能够定期深入学校与课堂。我们结对的每一所学校都对如何提高学生的投入水平非常关注，所不同的只是对投入的理解以及解决不投入危机的策略。事实上，投入这一术语经常被滥用与误用。一位校长走进教室快速地扫视了一圈，他发现所有的学生手握铅笔，安静地盯着他们面前的纸，就想当然地认为班里所有的学生都很投入！情况真的是这样吗？

我们采用阿普尔顿（Appleton，2008）等人对"学生投入"的定义来进行阐述，这一定义的给出是基于各种学校生活微语境中的学生体验。透过学生体验这一视角来判断学生的投入水平需要进行深入探讨而非仅仅是走马观花式的课堂观察。弗雷德里克等人（Fredricks et al.，2004）将学生投入分为三个相关维度：行为投入、认知投入与情感投入（见表 5.1）。行为与认知投入已在第一章里介绍过，我们在接下来的章节里将结合情感投入作进一步讨论。"通过设计促进投入"是指教师必须有目的地在学习体验中促进学生的行为投入、认知投入与情感投入。

表 5.1 学生投入的相关维度

行为投入	・参与学校活动 ・参加课堂活动与讨论 ・遵守学校规章制度	・认真学习 ・及时完成作业
认知投入	・渴望挑战 ・自我调节	・计划、监控与评估自己的思维与学习
情感投入	・与同伴自然交流 ・参与小组学习 ・向教师提问	・对学习内容感兴趣、充满好奇

行为投入

行为投入反映了学生的行为与表现（如参与学校活动，参与并在课堂活动与讨论中发挥作用，遵守学校规章制度，认真学习，及时完成作业等）。

辛西娅・詹金斯（Cynthia Jenkins）任教的社会研究课要求学生将自己所学到的公民责任付诸实践以获得公民积分（CAPs）。学生除了可以通过参与学校活动、志愿服务、参与同伴指导等来获得公民积分外，他们还可以通过向所在学校与社区提出有意义的活动设想来获得学分。

认知投入

认知投入是指学生在学习与内容掌握的过程中所付出的心智努力。当学生渴望挑战、调节自我学习，制定元认知策略（如计划、监控和对他们自己思维与学习经历的评估）时，认知投入就发生了。

布伦达・汤普森（Brenda Thompson）在每个学期初都会向她的学生简单介绍布卢姆的目标分类学（Bloom，1956），然后在具体的教学过程中要求学生以小组为单位创建反映不同学习水平的图示（形）。汤普森女士常常对学生画出来的图形感到惊喜不已，学生根据所学概念创建出来的图形也成了反映学生课上投入程度的重要工具。"今天我们将对一些新材料进行分析与评价，需要你们努力投入并积极思考。"听到汤普森女士的话，学生调整坐姿，提醒自己要认真学习。

情感投入

情感投入包括学生在学校环境中对他们的人际关系的感受，主要是他们与教师、与同伴的关系，以及他们在学校社区中的归属感。情感投入的学生能自如地与其他学生交谈，参与小组学习，并能主动向教师提问。情感投入也包括学生与学习内容的关系，当学生对所学的内容感兴趣、充满好奇时，学生就表现出较高的情感投入水平。

对于安德鲁·德尔加多（Andrew Delgado）而言，第一优先事项便是创设一个积极的教室氛围，让每个学生都感到他们是班级社区不可或缺的一员并作为独特的个体被尊重。当提及尊重彼此时，他给学生提出了极高的要求，他不断以自己跟学生与同事相处的方式来示范怎样尊重他人。德尔加多先生跟学生分享了小说《化解内心冲突》的一个片段（节选），为学生提供了一个体验机会：或者将同伴看作物，抱以敌对心态；或者将同伴视为人，抱以平和心态（见表5.2）。当我们将他人看作物时，很容易去评判，进而采取不友好的行为。但是，当我们将他们视为人时，试着去了解他们，我们更有可能去礼貌地对待彼此。

表 5.2 平和心态 VS 敌对心态

平和心态	敌对心态
别人是人	别人是物
·将同伴的希望、需求、关注与恐惧当成我们自己的 ·更可能礼貌地对待彼此	·同伴是障碍、工具，他们与我无关 ·易于评判他人，表现出不友好的行为

德尔加多先生建立课堂文化的起点是让学生用完成句子"如果你知道我，你或许会很吃惊"的方式来进行自我介绍。没错，这一活动需要整整一堂课的时间才能完成，但德尔加多先生坚信这一时间的投入是值得的，这将为"每位学生的想法都是很有价值的"这一课堂文化的形成奠定基础。德尔加多先生（像本书中提及的所有不可思议的教师一样）是基于设计促进学生学习投入方面真正的大

师，这一促进学生投入的方法（即学生认知、行为与情感体验）将给想要参与（投入）的师生带来丰富的理解（Wang,Willet & Eccles,2011;Christenson,Reschly & Wylie,2012;Appleton et al.,2008）。

将要素整合到一起

我们回到先前第一章中提出的最优化学习平衡模型（图 5.1），它聚焦了学生、教师与内容。这些要素需要彼此和谐运作，它们对学生的学业成绩与个体成就具有重大影响。

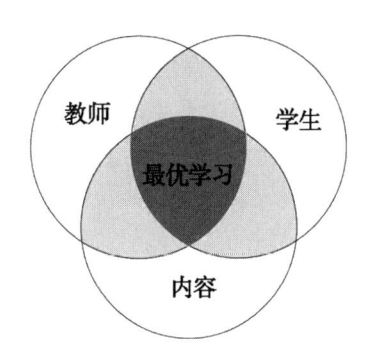

图 5.1　最优化学习平衡模型

图中三个交叉处形成该模型的中心重合部分，当教师、学生与内容有意义地被连结时，这一重合部分就被赋予了生命。

第二章聚焦学生与教师的交叠部分，这一重合部分就是师生关系。第三章提出了清晰施教，这是教师与内容交叠部分的关键要素。学生与内容的交叠部分，即任务挑战的重要性在第四章中进行了讨论，最后一章旨在聚焦最中间的重合部分：投入。

投入方程

当我们将这些要素整合到一起，试图为师生找到基于设计的理想投入模型。我们不妨来一起看一下学生投入方程（图 5.2）：

$$投入 = STC + \sum_{SW+P}^{R+TC+CH} V$$

图 5.2　投入方程

上面这个投入方程看起来复杂吗？公式看起来越复杂，解决效果往往越令人满意！让我们将这些要素分解一下，因为方程中的每一个要素都很重要。第一个要素 STC 代表了我们已经讨论过的三个因子：

◇学生（S）进入课堂去收集、发现、加工、理解、整合，最终学习信息。

◇教师（T）进入课堂分享、呈现、引导、教学、提供支架，促进学生获得知识，他们必须了解教学内容，拥有通过教学计划向学生呈现可理解信息的必要技能。

◇内容（C）代表被学习的信息以及这些信息是怎样被学生与教师发现与分享的。

方程上方的变量 R+TC+CH 表示在前几章中涉及的其他概念：

◇师生关系（R）：师生间的健康关系建立在信任的基础上，创设一种学生能专注学习、教师能更好了解学生及其兴趣的安全环境。

◇清晰施教（TC）是教师知道他们应该教的内容、告知学生应该学习的内容以及与学生共同达成的成功标准。

◇任务挑战（CH）是难度与复杂度的平衡，为学生提供一系列培养娴熟、毅力、策略思维与专长的学习体验。

现在我们来谈一谈确保学生处于投入过程的核心成分，即 SW+P：

◇自我价值感（SW）：当学生知道他们作为独特个体被学校社区重视时，当他们生命中有人信任他们时，他们的自我价值感就产生了。

◇目标（P）：当学生对他们将会成为怎样的人承担责任时，他们的目标感就产生了。

最后，我们进一步提出整个方程中最为关键的部分——学生心声（V）。因为如果没有它，我们就无法帮助学生形成自我价值感，明确人生目标，与学生建立信任与持续的关系，决定如何提供恰当水平的挑战与支持，最终为全体学生传递清晰的教学。

◇学生心声（V）是指学生能够表达他们的思想与观点（意见），他们在将自己的想法变成他们自己与他人的行动这一过程中承担应有的责任。

这一复杂方程的总和就是我们梦想的投入状态。这时你或许对我们的智慧解读印象深刻，或许仍对此深感困惑。如果是后面这种情况的话，那么我们就有必要一起进一步探索我们刚在方程中提到的新要素。

学生心声（V）

学生想要被理解，他们期望将分享自己的想法作为学习过程中不可或缺的一部分。学校与课堂应该成为一个让学生有安全感的地方，在这里学生能表达他们最诚实的想法与担忧，提出属于他们的问题，并拥有作出有意义的决定的机会。当学生认为他们在学校里具有发言权，他们的学习投入将会是原来的七倍！然而，只有43％的学生表示学校里的教师会聆听他们的建议，44％的学生认为他们在学校决策中具有发言权，表5.3描述了具有有限话语权与充分话语权的学生之间的差异。

表 5.3　学生心声

具有有限话语权的学生	具有充分话语权的学生
相信没人会关心他们所想的	在别人面前自信有效地表达他们的想法
抱着"我只是一个学生而已"的态度	知道他们所说的确是重要的
抱怨并期待其他人处理他们关心的问题	有技巧地分享他们所关心的问题，他们想做的只是解决方法的一部分
希望学校在乎他们	知道他们是学校社区的重要一员，他们对这个地方负有责任

学生想法并非只是每年一次的意见调查。学生必须要对他们所表达的想法负责，而且要对他们将想法转化为行动去帮助别人这一过程负责。同样重要的是，学校教师必须要给学生参与指向学校问题改进的决策与行动的机会。这些机会必须面向每一位学生，特别是那些被认为是学习困难与需要学校社区关注的学生。给予学生表达想法并将之付诸行动的权利是天才学生想法的秘诀所在。

为了帮助学生深入理解他们对于学校生活的看法，教师组织学生"焦点小组"（小组座谈）是一个很不错的做法。这些小组有目的地聆听各种各样的学生想法，包括那些习惯沉默或被公认是很难搞的学生，然后基于对学生的了解采取行动，并与学校社区成员就已采取的行动进行有效沟通。尽管学校认真聆听学生的意见并采取了行动，但如果上面的循环圈不被封闭，学生或许会认为他们的意见不再受到重视。想要获得小组座谈更多的信息，可参考以下网址：

二年级：http://quagliainstitute.org/dmsView/FocusGroupsK2.

三至十二年级：http://quagliainstitute.org/dmsView/FocusGroups.

还记得杰里米吗？就是那个我们在本章一开始提到的学习不投入的学生。让我们来跟踪他的变化，那些尊重他想法的做法或许让他重新投入到学习中去。第二天，基恩女士再一次在教室门口拦住他，尽管杰里米尽力避开她。"你有没有想过在我们学校创建一个野外活动俱乐部？"

没有任何眼神交流，杰里米斩钉截铁地回答道，"我不想"。

基恩女士急切地追问，"如果我们要为俱乐部成员组织一次背包旅行，该怎么办好呢？"

杰里米盯着基恩女士看了看，他似乎表现出了一丝兴趣："你是认真的吗？"

"是的，但是想在学业上帮助你追上班级同学，我也是认真的。"基恩女士答道。

"如果我负责野外活动俱乐部，那我所有落下的学习（功课）是否都可以得到原谅？"

基恩女士笑着说道："很好的改变，不是被原谅，但是我愿意与你一起将我们学过的内容及作业同你的野外俱乐部结合起来，你必须要与我达成妥协。"

杰里米伸出他的手表示同意："那就这样说定了！"

自我价值感（SW）

当学生知道他们是学校社区重要的独特成员时，当生活中有他们可以依靠与学习的人时，当他们相信有能力去实现自己的学习、个人与社会目标时，他们的自我价值感就产生了（Quaglia & Corso，2014，pp.23—24.）。

为了让学生在学习过程中实现最大的投入，他们必须觉得自己是学校的重要一员。只有当他们被认可、被赞赏以及作为独特个体被夸赞时，他们才会表现得更加投入。每个学生都属于某一个团队（包括学校社区），但不能以牺牲个体的独特性为代价。当每个学生的独特个性、技能与天赋被拥抱并接纳时，他们属于一个更大的社区才会真正变得有意义。遗憾的是，只有40%的学生认为，他们是学校社区里有价值（被尊重）的一员。我们有必要将这一点提出来。如果学生觉得他们不被重视，他们就不可能有安全感与学习动机，从而他们也不可能全身心投入去掌握那些被要求的学习内容以及获得成功所需的生活技能。

对学生进步与成就的认可也能培养他们的自我价值感。通常，对学生的学习成绩（用等级或考试进行评价）进行表扬是一个不错的方法。然而，学生应当明白进步比完美的结局更重要。况且，学校经常表扬的学业进步仅仅是学生成就的一小部分。同样的，学生的努力、毅力与公民责任与学业成绩一样，都应当被认可与表扬。

当学生意识到有人信任他们，学生就具有了自我价值感。只有当教师告诉学生的与展示给学生的相一致时，他们才能真正感受到老师是信任他们的，进而产生自我价值感（见表5.4）。教师不能想当然地认为学生都知道，我们喜欢与信任他们。事实上，有88%的学生相信他们能够获得成功，但是只有73%的人表示老师信任他们并期待他们取得成功。这一状况必须得改变。学生需要教师有意识地为他们设立高期望，让他们知道我们相信他们会成功，我们会在他们实现目标的过程中支持他们。当学生有了自我价值感，他们的学习动机将会是原来的六倍。

表5.4 自我价值感（SW）

缺乏自我价值感的学生	具有自我价值感的学生
认为他们不重要	知道他们因为独特的自己而被认可与表扬
认为学校里最重要的东西是分数	相信努力、坚持与成为好公民是重要的
认为没有人关心他们	能够确定学校里至少有一个老师可以与他分享成功与挑战
害怕失败或成功	从失败中汲取教训，为他们的成功感到自豪

尽管学生自我价值感的培养总是不尽如人意，但我们也确实观察到了有效培育学生自我价值感的实践案例。在先前的章节里，尽管我们已经讨论过记住学生名字并经常使用的重要性，但我们觉得有必要将这一点再次提出来，因为这实在太重要了。然而，记住学生的名字仅仅是一个开始，接下来我们还需要去了解学生个体的兴趣、优势以及内心的恐惧。同时，还包括一样最重要的东西，那就是他们对于未来的希望与梦想。

另一种提升学生自我价值感的有效策略就是有意识地培养他们与毅力、韧性相关的技能，以及他们在学习与生活中彼此帮助的能力。我们必须要为学生创建一个让他们敢于冒险的环境（即一个无论是失败还是成功都让人觉得有安全感的地方）。当前，62%的学生认为，他们的教师会帮助他们从错误中学习。33%的学生表示，他们害怕去尝试新事物，特别是当他们觉得自己有可能会失败的时候。只有39%的学生认为他们能彼此帮助、相互支持。

有趣的是，判断一个人是否成功的刻板印象仍然存在。只有55%的学生表示，当他们取得了好成绩会迫不及待地告诉他们的朋友。随着焦点小组讨论的深入，我们从学生的交流中得知，一旦当他们从原先所处的群体类型中脱离出来时，他们就会受到批评与奚落。如果一个后进生突然摇身一变成了一个优等生，那么他可能就会对传统意义上的好学生造成威胁。同时，这名后进生也会被那些先前同样属于后进生群体的学生所排斥。正如很多学生跟我们所讲的那样："我们还是待在原先所属的那个群体更安全些。"

亚历山大·阿马多（Alexandria Amador）是创建合作竞争氛围方面的高手。尽管所有的学生都试图通过努力成就最好的自己，但他们也懂得自己同样负有帮助同伴的责任。"当我变得更好，我们都会变得更好；当我们大家都变得更好，我就会变得更好！"这是阿马多经常说的一句话。她采取了一系列的措施去引导学生将失败作为学习过程中的重要部分。同时，她还鼓励学生经常性地跟他们的同学分享自己的失败与成功。事实上，她也经常给学生作示范：她跟学生分享自己的成功与失败，并讲述这些经历如何促进她不断进步。

最后，让我们一起来看看校园内的表彰项目，梳理一下目前学校表扬学生的方式。如果绝大多数或者所有的表彰项目都只关注那些高分学生，那么我们就有必要关注并开展其他方面（如创造、创意、成长与友善）的表彰。我们可以让学生一起参与到学校如何更好地表彰学生的决策过程，共同商定一些值得被关注与表扬的领域与技能。

尽管杰里米一点也不在乎他在课堂上所学的内容，但他却很乐意为启动野外活动俱乐部付出一切努力。他有很多对背包旅行感兴趣的朋友，他们特别期待躺在满天繁星下的感觉。基恩女士主动愿意替杰里米担风险的举动对他来说很有吸引力，尽管他绝不会向别人承认这一点。基恩老师发现自己正在慢慢走近杰里米，过去几周里她跟杰里米聊了很多，而这在过去是不可能发生的事。

当杰里米向学校提交创办野外活动俱乐部的行政批准申请时，他被告知申请参加课外活动（包括学校俱乐部）的学生必须通过学校所有的课程。这就意味着他不仅要通过基恩女士的课程，而且还要补习完其他老师的课程，要完成如此艰巨的任务对杰里米而言似乎是不可能的。于是，他找到了基恩女士并告诉她自己没有资格申请。经过长时间的坚持，基恩女士最终说服杰里米去努力尝试一回。基恩女士向杰里米保证：所有老师（包括她在内）都会随时帮助他补习功课。"学习从来为时不晚"这一校训激励着这里的教师，他们绝不放弃每一位学生。当基恩女士坚定地告诉杰里米她愿意为他的进步尽一切努力时，杰里米在内心深处已经愿意相信她了。

愿景目标（P）

当学生为自己想要成为的人承担责任时，他们的目标感就产生了。当学生进行职业选择时，情况如此。当他们决心成为一名积极参与且富有责任感的社区成员时，情况也是如此（Quaglia & Corso，2014，p. 24）。

对于学生的生涯规划，学校应当有所作为。学校的教师有责任去帮助学生思考"将来想做什么"以及"长大以后想要成为怎样的人"。教师可以激发学生去思考既体面又有意义的工作是怎么样的，进而引导他们进行积极的生涯规划。威廉·戴蒙（William Damon，2009）写了一本关于"目标"的书《通向目标之路：年轻人如何发现生命中的呼唤》，他将"目标"定义为"完成某件对自己与世界（社会）有意义的事情的一个稳定的总体意图"（p.33）。培养真正的目标感包括成为自己生命中的领袖、为自己与他人承担责任以及拥有采取行动与改变世界的自信。我们的研究揭示了一项重要的发现，当学生在他们的学校生活中找到目标时，他们的学习动机将会是原来的17倍。

了解了目标对于学生动机的重大影响，我们不免有些担忧，因为只有38%的学生认为课堂有助于他们理解日常生活中所发生的一切。遗憾的是，我们对之不以为然。随着学生在学校待的时间越久，他们从教师那里所学到的内容与他们的生活关联越少。对于学校而言，当务之急就是要将学生的学习内容与他们的生活以及未来想要从事的职业紧密联系起来。

领导力不是那些学生会成员或有头衔的人（部长或队长）所独享的才能，它需要被重新定义。实际上，领导力可以理解为"所有学生通过有意义的实践机会去体验领导、决策并为他们自己与他人承担责任的一种经历"。在学校里，学生的领导力技能需要被系统培养，并结合他们的兴趣进行专门训练。

教师还可以引导学生从"提出问题"转向"解决问题"的思维模式来培养学生的目标感。与其他人一样，学生也需要看到他们的努力被认可与肯定。为了帮助学生超越所面临的挑战，我们必须要为他们提供必要策略与支持，鼓励他们采取具体的措施去实现未来的目标与理想。这样做能帮助学生成为有效的决策者，即一种需要分析情景、权衡利弊、推测可能结果以及运用从过去经历中所学到的教训的能力。我们已详细讨论了表扬对于学习结果的重要性，但当预期结果没有达成时，学生通过分析、调整与实践从失败中获取教训也同样重要。表 5.5 描述了有愿景目标的学生与缺乏愿景目标的学生之间的差异。

表 5.5　愿景目标（P）

缺乏愿景目标的学生	有愿景目标的学生
认为他们自己必须得成为领导者	认为每个人都是领导者
认为教师对于他们的成败负责	对他们自己的成败承担责任
对学习不感兴趣，随波逐流	坚持捍卫他们认为有意义的事业
相信他们的未来早有定数	愿意花更多时间去思考他们将前往何处而较少去担心他们来自何处

重新回到杰里米的故事，我们一起来探讨目标在促进投入方面的作用。大量的行政会议与沟通协商促成了高中野外活动社团官方基金的成立，杰里米也被临时任命为这一学生组织的负责人。如果他到学期末没有将成绩补上去，那么这一系列的安排都将被取消。

杰里米坚决表示，他并不想成为野外活动社团的社长，因为他对那些有官方社团头衔的人抱有成见（别忘了他一开始就宣称学校里所有的社团都是愚蠢的）。要不是立场使然，杰里米就会担任社团领导者的角色。事实上，他已经找到了创建社团的目标感，即不管是对于他个人还是对于那些渴望与学校社团产生联系的众多学生（很多是第一次）都具有重要意义。

每周四的中饭时分，217 房间成了一个探讨野外活动相关事宜的会议室，话题包括穿湿袜远足导致脚气的疗法、世上最美的探险地点与社团如何促进当地环保。基恩女士尽力帮助杰里米将落下的学习内容有机融入到野外活动社团的实践活动中。为了做好这个事情，基恩女士一开始在杰里米身上投入了大量的时间与精力。在她惊人说服技能的推动下，杰里米逐渐承担起更多的学习责任。

一天，基恩女士中午要去参加一个专业学习活动，由于时间冲突她无法出席野外活动社团的会议。于是，就有社团成员在大厅碰到杰里米，问是否要取消那天的"午餐会议"。他不假思索地告诉这位同学：会议将正常举行。杰里米对社团的相关计划了如指掌，即使基恩女士不参加，他也能轻松自如地将这次会议开下来。事实证明，会议进展得非常顺利。会后，杰里米让社团成员在白板上写下他们想念基恩女士的话语。杰里米找到了目标感，他成为了其他人与自己眼中的一个领导者。

投入

既然我们已详细地解读过学生投入求和方程的组成因素，现在是时候讨论其结果了。为什么我们要如此费力去理解与运用这么复杂的方程？预期学习结果应当是怎样的？更重要的是，这一预期学习结果如何让学生获益？

只有当以师生彼此信任与尊重为基础的课堂文化被建立起来时，我们梦想的学生投入状态才会出现。一旦师生彼此信任与尊重这一基础得以建立，学生就会感到被邀请、被期待，进而产生主动参与课堂活动的安全感。当学生投入学习并将所学内容与他们的日常生活相关联时，他们的学习动机将是原来的 14 倍。为了创建这样的投入型学习环境，教师必须成为学习内容与生活情境关联的高手！为此，教师需要去了解学生的课内外兴趣，与他们共同创建兴趣与学习内容之间关联，积极寻求学习内容与个体特点、其他学科、日常生活、当前时事与未来的联系。

我们要学着去拥抱学习的快乐与兴奋，因为学习对于师生而言应该是有趣的。这并不是说学生在学习过程中像打游戏一样每时每刻都保持精神亢奋（尽管我们确实喜欢游戏！）。但即便在最艰难的学习时刻，一个真正充满激情的老师所表现出的热情是很有感染力的，会吸引他的学生投入到学习中去。真正的快乐与兴奋是指如此投入以至于他忘记了时间与空间。契克森米哈（Csikszentmihalyi, 1990）将这一现象描述为"当个体完全沉浸于某种事情时，他达到内在动机的最优化状态"，并将之称为"沉浸"。我们听说过运动员的"巅峰体验"。当学生处于学习区时，我们的投入模型处于最优化状态。

设想一下，我们对某件事情如此投入以至忘记了时间。拉斯（Russ）与莉萨（Lisa）都是酷爱钓鱼的人，他们能轻松地花上一整天，沉浸在钓大鱼的念想中，而不去担忧或想河外的世界。同样的，我们可以想象一下，当杰里米在山林中徒步时，他是不会盼着这次户外活动早点结束的。相反，他沉浸于这一时刻，时间一晃即逝。当学生学习数学、科学、外语、社会研究、英语等学科时，教师的挑战是如何创设这种的感觉与体验。

我们要告诉学生：作为教师，我们会尽最大努力去创建让他们投入的学习课堂。反过来，我们希望他们在学习时也能够付出最大的努力。促进学习投入不是教师单方面的事情，教师要让学生学会对自己的投入水平进行持续反思。当学习走神时，他们要提醒自己重新投入。例如，我们经常会使用一种叫"Check Up From the Neck Up"的策略，要求学生回答三个关于课堂投入的问题：

◇我什么时候最投入？
◇我什么时候最不投入？
◇我本可以采取什么行动让自己更投入？

这样做可以让学生明确自己的投入类型（pattern），进而找到自己碰到困难时如何重新投入的应对策略。这一做法的主要意图是引导学生对自己学习过程中的投入状态承担责任。同时，学生对自我投入类型的分析信息能够帮助教师从学生视角了解课堂投入水平，进而帮助教师通过教学调整促进高水平投入，减少学生辍学的概率。

投入型学生

为深入了解师生眼中的理想投入状态，我们采访过大量的教师与学生。我们都渴望理想的投入状态，那么它看起来、听起来、感受起来到底是怎样的呢？有趣的是，学生与教师一开始的回答都是"投入就是不做其他事情啊"。当让他们描述自己学习投入的状态时，学生经常会说"我从不看钟表""我不想用笔戳自己的眼睛""我不去考虑其他我想做的任何事情"，等等。尽管"投入时不做什么"（反例）确实很重要，但是我们需要关注"投入时做什么"，以便我们能给学生示范、让他们体验并明确预期结果（状态）。投入型学生的身上有什么共同之处？投入型课堂的特征是什么？高度投入型学习体验的预期结果（状态）是什么？

学生努力超越反例去描述投入的样子。因此，我们需要做的就是"教给学生理想的投入状态是怎样的以及如何在他们自己的学习中去识别它"。接下来，我们来看看投入型学生有哪些共同之处。

◇投入型学生忘记时间与空间。正如先前所提到的，那些全身心投入的学生往往会没有时空概念，他们沉浸于学习体验之中，经常会说"我简直不敢相信课已经结束了！时间都去哪儿了？"教师的感受也同样如此。你的教学生涯中一定碰到过这样的情形：有时课堂的时间过得很慢（蜗牛速度），有时时间却过得飞快。我们要明白：如果时间对于教师来说很煎熬，那么对你的学生而言一定是很痛苦的。相反，如果教师与学生都觉察不到时间的流逝，那么你们就已在通往理想投入状态的路上了。

◇投入型学生不害怕失败或成功。他们从努力坚持中获得的满足感与他们从字母等级成绩中所获得的满足感一样多。一方面，他们认为失败是可以接受的，从那些没有达到最初预期结果的学习经历中可以学到很多，就像绘本《小火车头做到了》，投入型学生在失败时会选择尝试、再尝试。另一方面，投入型学生也乐于接受成功，他们愿意与他人分享自己的成功。他们愿意从别人的经历中学习，也允许同伴从自己的成败中获益（汲取教训）。

◇投入型学生能够表达他们内心真实的想法与关切。遗憾的是，课堂上只有58%的学生能够主动提出他们的问题。我们呈现的理想学校都非常重视学生的想法，并为他们提供从成功与失败中学习的机会。《远大抱负：立足学校现状，展望学校未来》一书的作者将"有意义的投入"进行了如下描述：投入型学生总是对学习充满热情，他们渴望学习新事物，主动采取积极的行动面对未来。简言之，投入型学生全身心投入他们的学习之中。

◇投入型学习在情感、认知与行为上投入学习（Quaglia, Corso & Dykes, 2017, p. 53）。

为实现这样一种深度的学习投入，学生在生活中需要拥有他们可以信任的人，并可以随时向他们寻求帮助，这一点也是很关键的。表5.6概括了投入型学生的特征：

表 5.6 投入型学生

投入型学生
◇感到有归属感，他们作为独特的自己得到尊重
◇拥有生活中可以寻求支持、鼓励与赞扬的人
◇从他们努力坚持中获得的满足感与他们从字母等级成绩中所获得的满足感一样多
◇不断地问"为什么?"与"为什么不?"
◇当学习的时候忘记时空概念
◇不害怕失败或成功
◇承担领导者角色以及相应的责任
◇拥有为他们忠诚的事业而采取行动的信心与勇气
◇在被认可、重视与倾听的氛围中表达他们的想法

投入型课堂

对于解释什么是投入型课堂，对学生而言，他们更容易去描述非投入型课堂的样子。"我们心不在焉，麻木迟钝，表现出假装在学习的样子。""我们作出了能够蒙混过关所需的最少努力。""我唯一的预期就是自己会感到无聊，事实证明我总是对的!"

我们观察到的高度投入型课堂大体是这样的：课堂中的每个人都是老师，同时也都是学生，所有的观点都会被聆听、尊重与重视，师生间充满了有效的沟通与有意义的对话。

我们有一个名叫吉姆·奈特（Jim Knight）的同事，他出色的研究很受我们尊敬。他是有效沟通艺术方面的专家，提出了以下有效对话的原则：

1. 我平等对待对话同伴；
2. 我想要听到别人想说的话；
3. 我相信人应该有充分的自主权；
4. 我不会去评判别人；
5. 对话应当来回轮流（有话轮）；
6. 对话应当与生活相关联。(Knight，2016，p.24)

吉姆的研究引发我们去反思自己与学生对话的方式。当我们与学生对话时，如果我们能运用这些有效对话原则，将会发生怎样的变化呢？

1. 我将学生视为平等的对话伙伴；
2. 我想听到学生想要说的；
3. 我相信学生应该有充分的自主权；
4. 与学生对话应当来回轮流（有话轮）；
5. 与学生的对话应当与生活相关联。

课堂上教师与学生的交流方式非常重要，我们相信采用这些有效的对话原则对课堂对话具有深远的影响。不少学生认为，即使教师内心对他们所说的内容感兴趣，他们也会作出居高临下或自命不凡的反应。事实上，我们观察到的高投入课堂上充满了师生间持续且平等交流的对话。

此外，学生的高投入课堂体现为流畅且根据实际情况不断调整。学生为他们自己的学习负责，与同伴彼此合作是课堂常态。表5.7是投入型课堂的特征：

表 5.7 投入型课堂

投入型课堂
◇学生不受时间限制
◇课堂流畅且不断变化
◇有相互理解与尊重的氛围
◇学生彼此合作是课堂常态
◇师生间进行有意义的对话
◇应尽的义务（responsibility）取代了应负的责任（accountability）
◇每个人既是教师也是学生
◇所有的意见都被聆听与重视
◇技能与挑战之间的和谐关系
◇基于对学生个体的了解调整教学内容

投入型学生表现

尽管我们已经描述了投入型学生与投入型课堂的特征，但我们相信弄明白投入型学生与课堂的最终表现也同样重要。这也是我们努力促进学生有意义投入的原因所在。

◇投入型学生形成了更强的自我价值感与对他人观点的欣赏意识,即使他人看问题的视角与自己不同。

◇投入型学生具有强烈的目标感,他们能认识自己,这使他们能够做一个会思考的听众,能顾及自己行为对他人的影响。

◇投入型学生具有冒险精神,对学习的兴奋感会让他们乐于接受学习挑战。他们主动探索自己感兴趣的事物,并且能在学习中发挥自己的创造力。

◇投入型学生相信他们自己。投入型学生为他们课内外的学习状态感到自豪。他们知道自己有能力对世界产生影响。他们不仅能憧憬未来,而且懂得在当下付出努力去实现这些梦想。

我们希望你看到这里会会心一笑。"是的!这正是我希望我的学生能够成为的样子!"有趣的是,我们发现高投入型教师也具有这样的表现(Quaglia & Lande, 2017)。我们建议你对照一下这份清单,因为你是学生强有力的示范。表5.8描述了投入型学生的特点:

表5.8 投入型学生表现

投入型学生表现
◇有更强烈的自我价值感
◇对他人观点的欣赏
◇有更强的目标感,对他们自己的认识,成为一个会思考的听众
◇接纳不同的观点
◇对学习保持兴奋
◇乐于接受学习挑战
◇意识到他们的能力与潜力
◇对他们的能力具有更强的信心与自豪感
◇正确认识好奇心与创造力的重要性
◇具有冒险精神
◇尊重他们自己以及他人
◇意识到他们的行为对他人的潜在影响

接续投入

除了帮助杰里米创立野外活动社团外,老师们还帮助他创造性地将野外活动的兴趣与课堂所学内容联系起来。尽管杰里米的老师帮助杰里米迈开了第一步，但他们心里很清楚，学习的责任最终必须由他自己来承担。正如绝大多数学生一样，杰里米能够通过一系列积极的努力应对这一挑战。为了引起人们对未来环境的关注，杰里米在一篇社会研究论文里论述了保护野生生物带来的经济影响，以引导广大企业对当下的生产成本给予更多关注。基于阿巴拉契亚（Appalachian）徒步路线的距离与地形特点，一系列的数学问题被提出来，它们与理科的联系是无止境的！杰里米曾开展过一项关于农民使用的杀虫剂对游隼数量影响的研究。他还曾尝试将野外活动社团与当地水厂联系起来，了解更多关于城市水供应的知识，然后举办了一个活动，告知学生节约用水的简单方法（如刷牙的时候关掉水龙头）。杰里米的老师们坚守他们的承诺，他们与杰里米共同将社团实践与学校课程联系起来。

基恩女士也遵守了她的诺言，她在年终设立了高中野外活动社团徒步旅行资金。在过去的一年里，俱乐部经历了快速的发展，基恩女士开始担忧是否会有足够的员工来继续支持这一徒步旅行计划。当她得知那么多教师不仅愿意而且想要加入时，她又惊又喜。杰里米的故事与他对校园生活的重新投入很快在全校传播开来，成为其他学生和教师的动力源泉。

尽管杰里米还有许多没能与野外活动相关联的学习内容需要掌握，但他经历过了将兴趣爱好与课堂内容相关联的课堂体验之后，就有了再次投入课堂的意愿。我们无意于去描绘事事如意的完美画面，以下是杰里米的真实变化：经历了夏季课程（一种以学为主的暑期游学方式）与一些非常令人痛苦的辅导课程（对于师生都一样），杰里米终于毕业了。尽管他的学科平均绩点并不是最好的，但他的学术能力评估测试成绩却很不错。基恩女士在杰里米推荐书里充分肯定了他的学业转变，杰里米已被当地一所社区学院的野生生物专业录取。杰里米总是能自豪地指着办公室外的毕业生去向图向他人介绍自己即将奔赴的大学。作为一个有独特个性的学生，他有幸从众多经验丰富的教师那里得到了帮助，并在学校社团中找到自己的归属感。杰里米对他的未来充满目标感，他开始专注学习，为实现自己的目标而努力。对杰里米而言，个体学业的投入差距已经消除，但他的故事将激励其他新社团与组织（如世界摔跤娱乐俱乐部、纸杯蛋糕烹饪队与涂鸦幻群）里的同伴为了自己的目标而作出努力。

小结

投入为先教学模式是指创建让所有学生茁壮成长的学习环境,它始于课堂,却渗透到生活的方方面面。如果我们期望学生(包括教师)能达到他们最大的潜能,那么真实的投入必须要成为课堂常态。当学校能让教师与学生全身心地投入学习过程、展现出学习新事物的热情与渴望,并乐意为未来采取积极有效的措施时,投入便深入人心了。

"理想远大"与"达到很高的水平"已成为良好动机的代名词,但是我们忘记了成功的关键要素:投入。梦想未来必须与立足当下相平衡。如果没有投入,那我们仅仅是处于一种想象的状态。

"平衡"这一术语被用来描述投入的状态,在本书随处可见。我们相信:在学生、教师与内容之间存在一种微妙的平衡,当这一平衡达成时,学生就能在一种明确的目标感下主动学习。当这种平衡被打破时,学生的困惑与孤立感会导致他们学习上的不投入。正如我们对学生投入求和方程的反思,"投入为先教学"需要平衡教育量表中的一些要素。

规定内容与学生兴趣

如果我们忽视那些学生感兴趣的学习内容(教师"应当教"的内容),而一味地传授课本知识(教师"必须教"的内容),那么学生就会表现出让我们出乎意料的学习倦怠,即投入的对立面。

问责与责任

毫无疑问,我们目前的教育体系是由问责制驱动的,但我们认为这必须要与责任相平衡。问责(应承担的责任)通常来自外部实体的命令,而责任(应尽的义务)则是一种促进自我价值感的内部力量,驱动个体努力,维持学习投入,进而促进成功。

讲授与倾听

教育者都是学科内容专家,他们具有清晰地将知识传递给学生的能力,这一点是很重要的。但如果课堂上只有教师的声音,而听不到学生的想法,那么学习效果就会大打折扣。教师倾听学生的想法实质上是在向学生示范"学习是一种双向活动",告诉他们"教师很看重学生的想法并能从中得到启发"。

我们每一个人都有可能成为高学习投入方面的专家。我们要敢于挑战自己,去重新认识自己的学生,创造性平衡好"应当教"与"必须教"的内容。永远要相信,美好的事情即将发生。在我们与学生的共同努力下,投入型学习环境最终一定能够建立起来!

参考文献

Afflerbach, P. , Pearson, P. D. , & Paris, S. G. (2008). Clarifying differences between reading skills and reading strategies. *The Reading Teacher*, 61(5), 364-373.

Ainsworth, L. (2011). *Rigorous curriculum design: How to create curricular units of study that align standards, instruction, and assessment.* Englewood, CO: Lead + Learn Press.

Anyon, Y. , Gregory, A. , Stone, S. , Farrar, J. , Jenson, J. M. , McQueen, J. , ... Simmons, J. (2016). Restorative interventions and school discipline sanctions in a large urban school district. *American Educational Research Journal*, 53(6), 1663-1797.

Appleton, J. J. , Christenson, S. L. , & Furlong, M. J. (2008). Student engagement with school: Critical conceptual and methodological issues of the construct. *Psychology in the Schools*, 45, 369-386.

Arbinger Institute. (2006). *The anatomy of peace: Resolving the heart of conflict.* San Francisco, CA: Berrett-Koehler.

Berninger, V. W. , & Swanson, H. L. (1994). Modifying Hayes and Flower's model of skilled writing to explain beginning and developing writing. In J. S. Carlson (Series Ed.) & E. C. Butterfield (Vol. Ed.), *Advances in cognition and educational practice: Vol. 2. Children's writing: Toward a process theory of the development of skilled writing* (pp. 57-81). Greenwich, CT: JAI Press.

Bloom, B. (1956). *Bloom's taxonomy of educational objectives, handbook I: The cognitive domain.* White Plains, NY: Longman.

Caulk, N. (1994). Comparing teacher and student responses to written work. *TESOL Quarterly*, 28(1), 181-188.

Christenson, S. L. , Reschly, A. L. , & Wylie, C. (2012). *The handbook of research on student engagement.* New York, NY: Springer Science.

City, E. A. , Elmore, R. F. , Fiarman, S. E. , & Tietel, L. (2009). *Instructional rounds in education: A network approach to improving teaching and learning.* Boston, MA: Harvard University Press.

Cornelius-White, J. (2007). Learner-centered teacher-student relationships are effective: A meta-analysis. *Review of Educational Research*, 77(1), 113-143.

Csikszentmihalyi, M. (1990). *Flow: The psychology of optimal experience.* New York, NY: Harper & Row.

Damon, W. (2009). *The path to purpose: How young people find their calling in life.* New York, NY: The Free Press.

Donovan, M. S. , & Bransford, J. D. (Eds.). (2005). *How students learn: History, mathematics, and science in the classroom. Committee on How People Learn: A Targeted Report for Teachers.* Division on Behavioral and Social Sciences and Education. Washington, DC: National Academies.

Duckworth, A. (2016). *Grit: The power of passion and perseverance.* New York, NY: Scribner.

Duehren, A. M. , & Thompson, D. C. (2016). In debate over names, history and race relations collide. The Harvard Crimson. Retrieved from http://www. thecrimson. com/article/2016/1/19/ faust-name-title-changes-/

Dweck, C. S. (2006). *Mindset: The new psychology of success.* New York, NY: Ballantine Books.

Ennen, N. , Stark, E. E. , & Lassiter, A. (2015). The importance of trust for satisfaction, motivation, and academic performance in student learning groups. *Social Psychology of Education*, 18(3), 615-633.

Falk, A. (2012). Teachers learning from professional development in elementary science: Reciprocal relations between formative assessment and pedagogical content knowledge. *Science Education*, 96(2), 265-290.

Fendick, F. (1990). The correlation between teacher clarity of communication and student achievement gain: A meta-analysis (Unpublished doctoral dissertation).

University of Florida, Gainesville.

Finn, J. D., & Rock, D. A. (1997). Academic success among students at risk forschool failure. *Journal of Applied Psychology*, 82, 221-234.

Fisher, D., & Frey, N. (2010). *Guided instruction: How to develop confident and successful learners*. Alexandria, VA: ASCD.

Fisher, D., & Frey, N. (2011). *The purposeful classroom: How to structure lessons with learning goals in mind*. Alexandria, VA: ASCD.

Fisher, D., & Frey, N. (2014). *Better learning through structured teaching: A framework for the gradual release of responsibility* (2nd ed.). Alexandria, VA: ASCD.

Fisher, D., Frey, N., Anderson, H., & Thayre, M. (2015a). *Text-dependent questions: Pathways to close and critical reading, grades* 6-12. Thousand Oaks, CA: Corwin.

Fisher, D., Frey, N., Anderson, H., & Thayre, M. (2015b). *Text-dependent questions: Pathways to close and critical reading, grades* K-5. Thousand Oaks, CA: Corwin.

Fisher, D., Frey, N., & Hattie, J. (2016). *Visible learning for literacy: Implementing the practices that work best to accelerate student learning*. Thousand Oaks, CA: Corwin.

Flanders, N. (1970). *Analyzing teacher behavior*. Reading, MA: Addison-Wesley.

Flavell, J. H. (1979). Metacognition and cognitive monitoring: A new area of cognitive-developmental inquiry. *American Psychologist*, 34, 906-911.

Frayer, D. A., Frederick, W. C., & Klausmeier, H. J. (1969). *A schema for testing the level of concept mastery* (Working paper No. 16). Madison, WI: Wisconsin Research and Development Center for Cognitive Learning.

Fredricks, J. A., Blumenfeld, P. C., & Paris, A. H. (2004). School engagement: Potential of the concept, state of the evidence. *Review of Educational Research*, 74, 59-109.

Frey, N., & Fisher, D. (2013). *Rigorous reading: Five access points for helping students comprehend complex texts*, K-12. Thousand Oaks, CA: Corwin.

Gagne, R. M. (1967). The acquisition of knowledge. In R. J. Shumway (Ed.), *Research in mathematics education* (pp. 6-20). Reston, VA: National Council of Teachers of Mathematics.

Gallup, Inc., & NWEA. (2016). *Make assessment work for all students: Multiple measures matter*. Retrieved from http://www.gallup.com/services/191261/assessment-work-students-multiple-measures-matter.aspx

Ginsberg, M., & Wlodkowski, R. (2004). *Creating highly motivating classrooms*. San Francisco, CA: Jossey-Bass.

Gladwell, M. (2008). *Outliers: The story of success*. New York: Little, Brown, and Company.

Good, T. L. (1987). Two decades of research on teacher expectations: Findings and future directions. *Journal of Teacher Education*, 38(4), 32-47.

Grossman, P. (1990). The making of a teacher. New York, NY: Teachers College Press.

Harper, B., & Milman, N. B. (2016). One-to-one technology in K-12 classrooms: A review of the literature from 2004 through 2014. *Journal of Research on Technology in Education*, 48(2), 129-142.

Hattie, J. (2009). *Visible learning: A synthesis of over 800 meta-analyses relating to achievement*. New York, NY: Routledge.

Hattie, J. (2012). *Visible learning for teachers: Maximizing impact on learning*. New York: Routledge.

Hattie, J. (2015). The applicability of visible learning to higher education. *Scholarship of Teaching and Learning in Psychology*, 1(1), 79-91.

Hattie, J., & Timperley, H. (2007). The power of feedback. *Review of Educational Research*, 77(1), 81-112.

Hess, R. S., & Copeland, E. P. (2001). Students' stress, coping strategies, and school completion: A longitudinal perspective. *School Psychology Quarterly*, 16, 389-405.

Israel, E. (2002). Examining multiple perspectives in literature. In J. Holden & J. S. Schmit (Eds.), *Inquiry and the literary text: Constructing discussions in the*

English classroom (pp. 90-103). Urbana, IL: NCTE.

Ivey, G. , & Broaddus, K. (2001). "Just plain reading": A survey of what makes students want to read in middle school classrooms. *Reading Research Quarterly*, 36, 350-377.

Jacobs, V. R. , Lamb, L. C. , & Philipp, R. A. (2010). Professional noticing of children's mathematical thinking. *Journal for Research in Mathematics Education*, 41(2), 169-202.

Kapur, M. (2008). Productive failure. *Cognition and Instruction*, 26 (3), 379-424.

Kapur, M. (2014). *Failure can be productive for teaching children maths. The Conversation*. Retrieved from http://theconversation.com/failure-can-beproductive-for-teaching-children-maths-22418

King, J. B. , Jr. (2017, January 17). A dispatch from the outgoing U. S. education secretary: America has the right to a great public education. *Education Week*, 36(18), 28.

Klem, A. M. , & Connell, J. P. (2004). Relationships matter: Linking teacher support to student engagement and achievement. *Journal of School Health*, 74, 262-273.

Klingner, J. K. , & Vaughn, S. (1999). Promoting reading comprehension, content learning, and English acquisition through Collaborative Strategic Reading (CSR). *The Reading Teacher*, 52(7), 738-747.

Knight, J. (2016). *Better conversations: Coaching ourselves and each other to be more credible, caring, and connected*. Thousand Oaks, CA: Corwin.

LaBerge, D. , & Samuels, S. J. (1974). Toward a theory of automatic information process in reading. *Cognitive Psychology*, 6, 293-323.

Lewis, A. , Huebner, E. S. , Malone, P. , & Valois, R. F. (2011). Life satisfaction and student engagement in adolescence. *Journal of Youth and Adolescence*, 40, 249-262.

Los Angeles County Office of Education. (2002). *Teacher expectations and student achievement coordinator manual*. Downey, CA: Author.

Mason, J. M., Stahl, S. A., Au, K. H., & Herman, P. A. (2003). Reading: Children's developing knowledge of words. In J. Flood, D. Lapp, J. R. Squire, & J. M. Jensen (Eds.), *Handbook of research on teaching the English language arts* (2nd ed., pp. 914-930).

Mahwah, NJ: Erlbaum. McKown, C., & Weinstein, R. S. (2008). Teacher expectations, classroom context, and the achievement gap. *Journal of School Psychology*, 46(3), 235-261.

Meyerson, D., Weick, K. E., & Kramer, R. M. (1996). Swift trust and temporary groups. In R. Kramer & T. Tyler (Eds.), *Trust in organizations: Frontiers of theory and research* (pp. 166-195). Thousand Oaks, CA: SAGE.

Midgley, C., Kaplan, A., & Middleton, M. J. (2001). Performance-approach goals: Good for what, for whom, under what circumstances, and at what cost? *Journal of Educational Psychology*, 93(1), 77-86.

Miller, A. (1949). Death of a salesman. New York, NY: Viking Penguin. Nathan, M. J., & Petrosino, A. (2003). Expert blind spot among preservice teachers. *American Educational Research Journal*, 40(4), 905-928.

National Governors Association Center for Best Practices and Council of Chief State SchoolOfficers. (2010). *Common core state standards*. Washington, DC: Author.

National Research Council and Institute of Medicine. (2004). *Engaging schools: Fostering high school students'motivation to learn*. Washington, DC: National Academies Press.

Newmann, F., Wehlage, G. G., & Lamborn, S. D. (1992). The significance and sources of student engagement. In F. Newmann (Ed.), *Student engagement and achievement in American secondary schools* (pp. 11-39). New York, NY: Teachers College Press.

Palincsar, A. S., & Brown, A. (1984). Reciprocal teaching of comprehension fostering and comprehension-monitoring activities. *Cognition and Instruction*, 1(2), 117-175.

Parker, P. D., Jerrim, J., Schoon, I., & Marsh, H. W. (2016). A multi-nation study of socioeconomic inequality in expectations for progression to higher education. *American Educational Research Journal*, 53(1), 6-32.

Penn, H. (2008). *Understanding early childhood: Issues and controversies* (2nd ed.). New York, NY: Open University Press.

Pilgreen, J. L. (2000). *The SSR handbook: How to organize and manage a sustained silent reading program*. Portsmouth, NH: Boynton/Cook.

Pratt, S. M., & Urbanowski, M. (2015). Teaching early readers to self-monitor and self-correct. *The Reading Teacher*, 69(5), 559-567.

Purkey, W. W. (1991). *What is invitational education and how does it work?* Paper presented at the 9th annual California State Conference on Self-Esteem, Santa Clara, CA.

Purkey, W. W., & Novak, J. M. (1996). *Inviting school success: A self-concept approach to teaching, learning, and democratic practice* (3rd ed.). Belmont, CA: Wadsworth.

Quaglia, R. (2016). *Principal voice: Listen, learn, lead*. Thousand Oaks, CA: Corwin.

Quaglia, R., & Corso, M. (2014). *Student voice: The instrument of change*. Thousand Oaks, CA: Corwin.

Quaglia, R., Corso, M., Fox, K., & Dykes, G. (2017). *Aspire high: Imagining tomorrow's school today*. Thousand Oaks, CA: Corwin.

Quaglia Institute for School Voice and Aspirations. (2016). *School voice report* 2016. Retrieved from http://quagliainstitute.org/dmsView/School_Voice_Report_2016

Quaglia, R., & Lande, L. (2017). *Teacher voice: Amplifying success*. Thousand Oaks, CA: Corwin.

Ryan, A. M., Pintrich, P. R., & Midgley, C. (2001). Avoiding seeking help in the classroom: Who and why? *Educational Psychology Review*, 13, 93-114.

Samuels, S. J. (1979). The method of repeated reading. The Reading Teacher, 32(4), 403-408. Sapon-Shevin, M. (2010). *Because we can change the world: A practical guide to building cooperative, inclusive classroom communities* (2nd ed.). Thousand Oaks, CA: Corwin.

Schneider, S. K. , O'Donnell, L. , Stueve, A. , & Coulter, R. W. S. (2012). Cyberbullying, school bullying, and psychological distress: A regional census of high school students. *American Journal of Public Health*, 102, 171-177.

Shulman, L. S. (1987). Knowledge and teaching: Foundations of the new reform. *Harvard Educational Review*, 57(1), 1-22.

Simmons, J. (2003). Responders are taught, not born. *Journal of Adolescent and Adult Literacy*, 46, 684-693.

Skinner, E. A. , Pitzer, J. R. , & Steele, J. S. (2016). Can student engagement serve as a motivational resource for academic coping, persistence, and learning during late elementary and early middle school? *Developmental Psychology*, 52(12), 2099-2117.

Smith, T. W. , Baker, W. K. , Hattie, J. A. C. , & Bond, L. (2008). A validity study of the certification system of the National Board for Professional Teaching Standards. In L. Ingvarson & J. A. C. Hattie (Eds.), *Assessing teachers for professional certification: The first decade of the National Board for Professional Teaching Standards* (pp. 345-380).

Advances in Program Evaluation Series #11. Oxford: Elsevier. Smothers, E. F. (2003). *The hard-times jar*. New York, NY: Farrar, Straus, and Giroux.

Stanovich, K. E. (1986). Matthew effects in reading: Some consequences of individual differences in the acquisition of literacy. *Reading Research Quarterly*, 22, 360-407.

Tough, P. (2012). *How children succeed: Grit, curiosity, and the hidden power of character*. New York, NY: Houghton Mifflin Harcourt.

Vygotsky, L. S. (1978). *Mind in society* (Trans. M. Cole). Cambridge, MA: Harvard University Press.

Wang, M. T. , Willett, J. B. , & Eccles, J. S. (2011). The assessment of school engagement: Examining dimensionality and measurement invariance across gender and race/ethnicity. *Journal of School Psychology*, 49, 465-480.

Wexler, B. E. , Iseli, M. , Leon, S. , Zaggle, W. , Rush, C. , Goodman, A. , ... Bo, E. (2016). Cognitive priming and cognitive training: Immediate and far transfer to academic skills in children. *Scientific Reports*, 6. doi: 10. 1038/srep32859

Wiggins, G. (2012). Seven keys to effective feedback. *Educational Leadership*, 70(1), 10-16. Wiggins, G., & McTighe, J. (2011). *The understanding by design guide to creating high-quality units*. Alexandria, VA: ASCD.

Willems, M. (2014). *Waiting is not easy*. New York, NY: Disney-Hyperion.

译 后 记

　　本书是由五位美国著名的教学实践专家合作完成,前两位作者也是我们先前翻译的《扶放有度实施优质教学》一书的作者。本书提出"投入为先教学"(Engagement by Design),体现了一个重要的观点,即学习投入是保证学生学习质量的核心关键所在。如果学生不能专注地投入学习,不能有意义地表达他们的想法,那么他们的学习就不可能真正发生。全书围绕教师、学生与课程内容三个关键要素,从建立关系、清晰施教与任务挑战三个维度详细阐述了"投入为先教学"。本书视角独特,深入浅出,易于操作,十分适合广大中小学教师学习和专业进修之用。

　　作为教师,我们都希望自己课堂上的学生是投入的,他们的学习是有效的。但学生的投入水平对于我们而言,又是那么的不易测量。对于投入,我们教师到底了解多少呢?有的学生在课堂上看似听得认真,实际上却经常走神。而有的学生看起来并不那么认真,但他/她的的确确是在认真思考。由此可见,要判断学生的投入水平,我们不能光看他们的行为表现,因为除了行为投入,我们更应该关注学生认知上与情感上的投入。

　　那么,哪些要素会影响到学生的投入水平呢?

　　本书提出的"投入为先教学"认为,有效的课堂构建离不开教师对课程专业内容的熟练掌握,离不开学生、教师与课程内容的良好互动。首先,师生关系是开展一切有效教学的基础。没有稳固的师生关系,就没有学生良好的投入水平,正所谓"亲其师,信其道"。为此,教师需要记住学生的名字并经常使用它们,同时还要尽可能地去发现他们的兴趣与独特性,向学生传递信任与支持。其次,教师与课程内容的重合——清晰施教也是影响学生投入水平的关键要素。教师需要知道学生应学什么、他们如何学习、如何去评估他们的学习情况以及成功标准如何等四个方面。再次,任务挑战有利于促进学习者的思维水平。当然,教师设计的任务难度与复杂度必须得到适度控制,以便于学生能获得丰富的体验来培育他们的娴熟、毅力、策略思维与专长。事实上，在学生、教师与内容之间存在一种微妙的平衡，当这一平衡达成时，学生就能在一种明确的目标感下主动学习。当这种平衡被打破时，学生的困惑与孤立感会导致他们学习上的不投入。

  本书翻译由浙江大学教育学院盛群力教授策划，由浙江师范大学特级教师工作流动站、浙江省平湖中学教师发展处副主任张强翻译。衷心感谢福建教育出版社在引进版权和书稿编辑中给予大力支持！

  本书翻译中可能出现的一些错误或者不足，请读者予以指正！

张 强

2021 年 8 月 20 日于浙江省平湖中学

作者简介

道格拉斯·费希尔(Douglas Fisher)博士,圣地亚哥州立大学教育领导学教授,健康科学高中(Health Sciences High & Middle College)教师领导者。他曾获爱尔兰共和军识字奖,全国英语教师理事会(NCTE)农民卓越写作奖,克里斯塔·麦考利夫卓越教师教育奖。道格拉斯是读写研究协会的前董事会成员和国际读写协会的现任董事会成员,他还拥有加州英语教师和管理人员资格。联系邮箱是 dfisher@mail.sdsu.edu。

南希·弗雷(Nancy Frey) 博士,圣地亚哥州立大学教育领导学教授,健康科学高中教师领导者。作为一名有资格的特殊教育工作者、阅读专家和加州的行政人员,南希还获得了 2008 年识字研究协会颁发的早期职业成就奖和美国州立学院和大学协会颁发的教师教育克里斯塔·麦考利夫卓越文学奖。联系邮箱是 nfrey@

mail. sdsu. edu。

南希和道格拉斯经常合作。《在可见学习课堂教学识字》（K—5年级和6—12年级，Corwin Literacy，2017）、《可见的学习：识字》（Corwin Literacy，2016）、《文本复杂性》（第2版，Corwin Literacy，2016）、《基于文本提问》（K—5年级和6—12年级，Corwin Literacy，2014）、《精准阅读》（Corwin Literacy，2013），这些图书是他们众多畅销书籍中的最新书目。

拉塞尔·J. 夸格利亚（Russell J. Quaglia）是全球公认的教育领域的先锋，以其坚定不移地致力于学生的声音和志向而闻名。拉塞尔一直被媒体描述为有关学生心声和志向的发展与成就方面最权威的美国专家。他的创新工作体现在以图书馆的研究为基础的大量出版物、声望突出的国际演讲和一份成功的志向探索清单。

在这些项目中，拉塞尔开展了"学校心声"系列调查，包括学生心声、教师心声、家长心声和"我知道我的班级"。他最近出版的《学生心声：变革的工具》已经在国际上获得了好评。

除了创立和领导"学生志向研究院"（Quaglia Institute for Student）之外，拉塞尔还创立了志向学院信托基金并担任主席，该基金主要为中小学研究志向提供资助。最近，他成立了"教师心声和志向国际中心"，致力于扩大教师的声音，使他们实现自己的抱负，并充分发挥自己的潜力。

拉塞尔在美国圣母学院（Assumption College）获得学士学位，在波士顿学院获得经济学硕士学位和教育学硕士学位，在哥伦比亚大学获博士学位，专攻组织理论和行为领域。由于他对学生的奉献，他被授予了许多人道主义服务荣誉博士学位。拉塞尔在几个国家和国际委员会任职，体现了他确保学生心声和教师心声总是得到倾听、受到尊重和付诸行动的热情。

多米尼克·史密斯（Dominique Smith）是一名社会工作者、学校管理人员、导师、国际恢复健康实践研究所的国家级培训师，他是《建立公平：赋予所有学习者权力的政策和实践》一书的合著者。他热衷于创建学校文化，尊重学生，帮助建立信心和提升能力。他曾获学校安全倡导委员会颁发的国家学校安全奖。

丽莎·L. 朗德（Lisa L. Lande）博士一直致力于为世界各地的教师和学生发出专业呐喊。她希望每一所学校的每一个教室都是她想让自己三个孩子学习的地方，透过这一折射，她不断衡量自己的研究、写作和专业发展努力。

她是"学生志向研究院"（Quaglia Institute for Student）下属的教师心声与志向国际中心（TVAIC）的执行主任。该中心的使命是扩大教师心声，提高所有人的志向。作为学生志向研究院团队的一员，丽莎为美国、加拿大、英国和中东地区的幼儿园和中小学提供专业发展服务。

丽莎目前担任志向学院信托基金英格兰董事会成员。她是《教师心声：扩散成功》一书的合著者。

"当代前沿教学设计译丛"已出版书目

第一辑

（盛群力　主编）

《教出有智慧的学生》［美］罗伯特·斯滕伯格　著，杜娟、郑丹丹、顾苗丰　译

　　本书指向智慧、智力和创造力三者的综合以达到学习、事业与生活成功的目的。本书聚焦于理论的课堂实际运用，提供了在研究中开发与收集的各种实例，有助于读者更好理解斯滕伯格的成功智力理论、创造力和智慧平衡理论在学校中的具体应用。

《目标本位教学设计：编写教案指南》［美］斯蒂芬·耶伦　著，白文倩、任露铭　译

　　目标本位教学设计是当代教学设计理论与模式的精粹。写好教案的秘诀是什么，目标本位教学的一般环节有哪些，如何针对不同知识类型来编写教案，本书娓娓道来，既简明扼要，又通俗易懂，是一本优秀的教学设计入门书。

《自然学习设计》［美］伯尼斯·麦卡锡　著，陈彩虹、庄承婷　译

　　"自然学习设计"要求教师确立相应的教学目标，创设有益于尊重多样性的课堂环境，提出促进学习者获得关键概念的基本问题，形成伴有多种评价方式的完整学习循环圈，是一种遵循自然、别有创意与自成一体的新学习模式。

《首要教学原理》［美］M. 戴维·梅里尔　著，盛群力、钟丽佳　等译

　　《首要教学原理》代表了当前国际教学设计理论面向完整任务、聚焦解决问题、贯彻意义学习和坚持生本中心的改革潮流。《首要教学原

理》以概念、程序与原理三个代表性认知学习结果为核心案例,理论阐述与案例说明紧密结合,易懂易用,一册在手,大有裨益!

《综合学习设计——四元素十步骤系统方法》[荷兰]杰伦·范梅里恩伯尔、保罗·基尔希纳　著,盛群力、陈丽、王文智　等译

本书是教学设计理论实现转型的标志性著作,其特点是提出了学习任务、相关智能、支持程序,以及专项操练的四个元素和十个步骤,为确保达到学习迁移创造了前提。

《综合学习设计——四元素十步骤系统方法》(第二版)[荷兰]杰伦·范梅里恩伯尔、保罗·基尔希纳　著,盛群力、陈丽、王文智　等译

面向完整任务,实现从扶到放,体现教学设计系统方法的十个步骤。教学设计理论与模式转型的首选书,经修订后更加完善与精彩。

《教学的艺术与科学——有效教学的综合框架》[美]罗伯特·J.马扎诺　著,盛群力、唐玉霞　等译

围绕着教学设计中的目标、策略(包括管理)与评估的十个问题,通过单元设计的样例整合和课堂实际应用的情境描述,马扎诺演绎了有效教学的最关键要素。任务情境、基础研究与行动步骤的三结合,使得本书成为一本绝佳的教学设计入门书。

《培育智慧才能——学习的维度教师手册》[美]罗伯特·J.马扎诺　著,盛群力、何晔、张慧　译

本书重点推出12种思维的技能,用步骤和图示表征相结合,可以落实在各个学科教学中。"学习的维度"以培育智慧才能为宗旨,构成了一个以培养认知能力为核心,同时由情意和思维习惯作保障的环状学习结构,确保"想要学、能学懂与会学习"三位一体,协力共举。

《重塑学校——吹响破冰的号角》［美］赖格卢特　等著，方向　译

　　工业革命的教育范式有几个象征性的东西——年级、分数、课程、班级、教室和课时等——在重塑学校的号角中几乎都改变了。本书讨论如何使得21世纪新教育"找寻长板"这一本质特征真正落地，从教育范式变革的结果和途径两个方面作出了回答。

《掌握综合认知能力——面向专业技术培训的四元教学设计模式》［荷兰］杰伦·范梅里恩伯尔　著，盛群力、陆琦、钟丽佳　等译

　　如果说在教学设计理论实现转型，教育心理学与教学理论紧密结合的图书中选择一本，本书绝对是精品之作。戴维·梅里尔教授曾经对本书的评论是："二十世纪八十年代以前加涅是领军人物，二十世纪九十年代以后范梅里恩伯尔则是勇立潮头。"

第二辑
（盛群力　刘徽　主编）

《教师教学设计——改进课堂教学实践》［美］艾丽森·A. 卡尔切尔曼　著，方向、李忆凡　译

　　面向教师使用的教学设计步骤如何与不同的教学理论及模式结合起来，本书提供了思路，这也是在美国将教学设计直接用于指导教师教学的一种尝试。

《扶放有度实施优质教学》［美］道格拉斯·费希尔、南希·弗雷　著，徐佳燕、张强　译

　　教是为了不教。怎样从扶到放，先扶后放，有扶有放，扶放有度，本书提供了一个操作模型，这一模型适合于各个学科的教学。

《理解为先模式——单元教学设计指南（一）》［美］格兰特·威金斯、

杰伊·麦克泰　著，盛群力、沈祖芸、柳丰、吴新静　译

　　本书系单元教学设计理论的最佳教材。理解为先模式（UbD）遵循逆向设计原理，以终为始，将教学置于掌握新知、理解意义和实现迁移的三重境界中。

《新教学艺术与科学》［美］罗伯特·J. 马扎诺　著，盛群力、蒋慧、陆琦、金琦钦　译

　　本书总结了马扎诺50年中小学课堂教学研究之精华——有效教学十个方面，43个效能考察点和330个微教学策略。

《聚焦素养——重构学习与教学》［美］亚瑟·L. 科斯塔　著，滕梅芳、陆琦、沈宁　译

　　国际著名专家科斯塔在本书中回答了如何定义素养以及如何在课程、教学与学习中贯彻素养。

《提高教师教学效能》［美］洛林·W. 安德森　著，杜丹丹　译

　　本书原系联合国教科文组织出版，国际著名教育目标分类学专家和教师教育专家安德森在本书中提出了一个有效教学的模型，并据此展开论述，以期为教育行政和管理部门提供参考。

《教学是一门设计科学——构建学习与技术的教学范式》［英］劳里劳德　著，金琦钦、洪一鸣、梁文倩　译

　　本书讨论了获取型学习、探究型学习、协作型学习、实践型学习和讨论型学习的方式和特点，分析了学习机制和教学机制，提出了学习的互动会话框架。

《思维可视化图示设计指南（第2版）》［瑞士］马丁·E. 埃普乐、罗兰德·A. 菲斯特　著，陈燕　译

本书不仅有如何绘制图示的实际步骤指导，同时安排了 40 余种常用的思维可视化图示设计模板，给出了具体的应用目的、场景、对象、特点及各种模板之间的联系。更重要的是，本书还特别设计了应用练习，指导读者尝试动手绘制图示。

《设计与运用表现性任务——促进学生学习和评估》［美］ 特蕾西·K. 希尔　著，杜丹丹、杭秀　译

本书是一本实践指导手册，它教教学人员如何根据学生的学习任务做出教学决策；了解各种不同特性的任务以及每种任务的优点；如何将表现性任务融合进学习过程计划中；如何使用表现性任务这一工具，来教会、监督和拓展学生的学习。

《学习成果的分层和认定——21 世纪应用探讨》［南非］詹姆斯·柯维、［法国］伯恩·查克劳　著，孙爱萍、韦欢欢、刘作芬　译

面向 21 世纪，为了实现人终身学习和可持续发展的目标，如何对不同国家和地区，不同学习体制中所获得的学习成果进行科学分层和合理认定，联合国教科文组织出版的这本著作给予了回答。

第三辑
（盛群力　刘　徽　主编）

《聚焦学习目标：帮助学生看见每天学习的意义》［美］康妮·M. 莫斯、苏珊·M. 布鲁克哈特　著，沈祖芸　译

学生成绩的提高和学习成就的达成具有偶发性，但是当教师聚焦到整体课程或者整个单元的完整学习轨迹后，并基于此设计出明确的学习目标，最后同学生商议后续步骤，将带领学生完成学习任务，顺利提升学习成绩。

《人工智能时代的知识与评估》［美］查尔斯·菲德尔、玛雅·比亚利克　等著，舒越、金琦钦　等译

　　本书主体是美国课程再设计中心发布的三个新报告。课程再设计中心发布了一个面向21世纪新人的四维教育框架（知识、技能、品格和元学习），已经被翻译成多种语言，并成为一种全球思考与共识。本书收入的报告是其后续细化研究，分别是人工智能时代的知识报告、个性化学习报告和素养评估报告。

《理解为先模式——单元教学设计指南（二）》［美］格兰特·威金斯、杰伊·麦克泰　著，沈祖芸、陈金慧、张强　译

　　本书是一本提升单元设计能力的书，旨在帮助个人或团队在《理解为先模式——单元教学设计指南（一）》的基础上进一步精进单元教学设计水平。相较于《指南（一）》，本书更加侧重于单元设计的改进。

《引领现代学习——学校变革的蓝图》［美］杰伊·麦克泰、格雷格·柯蒂斯　著，张恩铭、李宇航　译

　　本书围绕"引导性问题"展开，着重介绍"投入—产出—影响"和"理解为先教学模式"两个框架，对于推动学校教学变革，促进教师专业发展等均有益处。

《培育问题解决能力——直面复杂挑战》［美］罗纳德·A.贝盖托　著，陈文吉　译

　　本书鼓励教师走出死记硬背的教学任务，并尝试在课堂中进行各种复杂且富有创造力的挑战，从而帮助学生获得解决复杂问题的能力。

《数字化学习方法论：课程设计与开发指南》［意］碧翠斯·吉拉尔迪尼、亚斯米娜·蒂索维奇　著，盛群力、钟丽佳、李雨欣　等译

　　本书旨在为参与设计和开发数字化学习项目及产品的专业人士提供指导。在书中，作者以成熟的ADDIE教学与培训设计模型作为理论基础，并结合联合国粮农组织在研发数字化学习课程方面的经验，分析阐释在当今数字化网络化学习的背景下课程设计与开发的具体步骤。

《综合学习设计——四元素十步骤系统方法》(第三版) [荷兰] 杰伦·J. G. 范梅里恩伯尔、保罗·A. 基尔希纳 著，盛群力、钟丽佳、陈丽 等译

  本书聚焦综合学习，以学习理论为厚实基础，采用高度灵活的设计方法，提供了一条从教育问题到解决方案的途径。相较于前两版，本书更成熟、更精致、更具可读性。

《投入为先教学——创建学生茁壮成长的学习环境》[美] 道格拉斯·费希尔、南希·弗雷、拉塞尔·J. 夸格利亚 等著，张强 译

  本书强调要创建信任、尊重、乐观和刻意的学习环境，教师要知道学生应该学习什么，知道学生如何学习，知道如何向学生清晰地揭示他们将要学什么，知道如何确立成功标准。本书主要从走心课堂、师生关系、清晰施教、任务挑战和全情投入五个方面探讨了教师和学生怎样才能确保设计一个走心、舒心和用心的学习环境，帮助学生在这样一个学习环境中茁壮成长，全面发展。

《首要教学原理（修订版）》[美] 戴维·梅里尔 著，钟丽佳 等译

  本书为修订版，相较于第一版做了重大改进。在本书中，作者尝试提出教学设计理论，同时对在实践中如何应用这一理论提出指导。"首要教学原理"已被广泛应用于世界上许多不同教育环境的教学设计工作中。本书写作十分出色，清晰明白，给出了多个实例，用来说明如何应用首要教学原理，并借助核对清单评估教学效果。

概念教学系列

（盛群力 主编 王晓芳 副主编）

《中学概念教学工具——为深度学习设计教学和评估》[美] 朱莉·斯特恩、克里斯塔·费拉欧、朱丽叶·莫肯 著，钟惊雷 译

本书将教学从传统模式转向基于概念的模式，既改进了教学方法，又更加重视学生的表现。本书将有助于教师理解基于概念的课程和教学。